LE

-CAPITAINE BURLE

OUVRAGES DU MÊME AUTEUR

DANS LA BIBLIOTHÈQUE CHARPENTIER
à 3 fr. 50 chaque volume.

LES ROUGON-MACQUART
HISTOIRE NATURELLE ET SOCIALE D'UNE FAMILLE SOUS LE SECOND EMPIRE.

LA FORTUNE DES ROUGON. 18e mille.............................	1 vol.
LA CURÉE. 21e mille..	1 vol.
LE VENTRE DE PARIS. 21e mille..................................	1 vol.
LA CONQUÊTE DE PLASSANS. 16e mille............................	1 vol.
LA FAUTE DE L'ABBÉ MOURET. 27e mille..........................	1 vol.
SON EXCELLENCE EUGÈNE ROUGON. 16e mille......................	1 vol.
L'ASSOMMOIR. 97e mille..	1 vol.
UNE PAGE D'AMOUR. 43e mille...................................	1 vol.
NANA. 122e mille..	1 vol.
POT-BOUILLE. 60e mille..	1 vol.

ROMANS ET NOUVELLES

THÉRÈSE RAQUIN. Nouvelle édition..............................	1 vol.
MADELEINE FÉRAT. Nouvelle édition.............................	1 vol.
LA CONFESSION DE CLAUDE. Nouvelle édition....................	1 vol.
CONTES A NINON. Nouvelle édition..............................	1 vol.
NOUVEAUX CONTES A NINON. Nouvelle édition....................	1 vol.

ŒUVRES CRITIQUES

MES HAINES. Nouvelle édition..................................	1 vol.
LE ROMAN EXPÉRIMENTAL. 6e mille...............................	1 vol.
LES ROMANCIERS NATURALISTES. 3e mille.........................	1 vol.
LE NATURALISME AU THÉATRE. 3e mille...........................	1 vol.
NOS AUTEURS DRAMATIQUES. 3e mille.............................	1 vol.
DOCUMENTS LITTÉRAIRES. 3e mille...............................	1 vol.
UNE CAMPAGNE, 1880-1881. 3e mille.............................	1 vol.

THÉATRE

THÉRÈSE RAQUIN — LES HÉRITIERS RABOURDIN — LE BOUTON DE ROSE. 3e mille............................	1 vol.

Morteroz, Adm.-Direct. des Imprimeries réunies, B, Puteaux

ÉMILE ZOLA

LE
CAPITAINE BURLE

COMMENT ON MEURT
POUR UNE NUIT D'AMOUR
AUX CHAMPS
LA FÊTE A COQUEVILLE
L'INONDATION

PARIS

G. CHARPENTIER, EDITEUR

13, RUE DE GRENELLE-SAINT-GERMAIN, 13

1883

LE

CAPITAINE BURLE

LE CAPITAINE BURLE

I

Il était neuf heures. La petite ville de Vauchamp venait de se mettre au lit, muette et noire, sous une pluie glacée de novembre. Dans la rue des Récollets, une des rues les plus étroites, les plus désertes du quartier Saint-Jean, une fenêtre restait éclairée, au troisième étage d'une vieille maison, dont les gouttières rompues lâchaient des torrents d'eau. C'était madame Burle qui veillait devant un maigre feu de souches de vigne, pendant que son petit-fils Charles faisait ses devoirs, dans la clarté pâle de la lampe.

L'appartement, loué cent soixante francs par an, se composait de quatre pièces énormes, qu'on ne parvenait pas à chauffer l'hiver. Madame Burle couchait dans la plus vaste ; son fils, le capitaine-trésorier Burle, avait pris la chambre donnant sur la rue, près de la salle à manger; et le petit Charles, avec son lit de fer, était perdu au fond d'un immense salon aux tentures moisies, qui ne servait pas. Les quelques meubles du capitaine et de sa mère, un mobilier Empire d'acajou massif, dont les continuels changements de garnison avaient bossué et arraché les cuivres, disparaissaient sous les hauts plafonds, d'où tombait comme une fine poussière de ténèbres. Le carreau, peint en rouge, froid et dur, glaçait les pieds; et il n'y avait, devant les sièges, que des petits tapis usés, d'une pauvreté grelottante dans ce désert, où tous les vents soufflaient, par les portes et les fenêtres disjointes.

Près de la cheminée, madame Burle était accoudée, au fond de son fauteuil de velours jaune, regardant fumer une dernière racine, de ces regards fixes et vides des vieilles gens qui revivent en eux-mêmes. Elle restait ainsi les journées entières, avec sa haute taille, sa longue figure grave dont les lèvres minces ne souriaient jamais. Veuve d'un colonel, mort à la veille de passer général, mère d'un capitaine, qu'elle avait accompagné jusque dans ses campagnes, elle gardait une raideur militaire, elle s'était fait des idées de devoir, d'honneur, de patriotisme, qui la tenaient rigide, comme séchée sous la rudesse de la discipline. Rarement une plainte lui échappait. Quand son fils était devenu veuf, après cinq ans de mariage, elle avait naturellement accepté l'éducation de Charles, avec la sévérité d'un sergent chargé d'instruire les recrues. Elle surveillait l'enfant, sans lui tolérer un caprice ni une irrégularité, le forçant à veiller jusqu'à minuit, et veillant elle-même, si les devoirs n'étaient pas faits. Charles, de tempérament délicat, grandissait très pâle sous cette règle implacable, la face éclairée par de beaux yeux, trop grands et trop clairs.

Dans ses longs silences, madame Burle ne remuait jamais qu'une même idée : son fils avait trahi son espoir. Cela suffisait à l'occuper, lui faisait revivre sa vie, depuis la naissance du petit, qu'elle voyait atteindre les plus hauts grades, au milieu d'un fracas de gloire, jusqu'à cette existence étroite de garnison, ces journées mornes et toujours semblables, cette chute dans ce poste de capitaine-trésorier, dont il ne sortirait pas, et où il s'appesantissait. Pourtant, les débuts l'avaient gonflée d'orgueil ; un instant, elle put croire son rêve réalisé. Burle quittait à peine l'école de Saint-Cyr, lorsqu'il s'était distingué à la bataille de Solférino, en prenant, avec une poignée d'hommes, toute une batterie ennemie; on le décora, les journaux parlèrent de son héroïsme, il fut connu pour un des soldats les plus braves de l'armée. Et, lentement, le héros engraissa, se noya dans sa chair, épais, heureux, détendu et lâche. En 1870, il n'était que capitaine; fait prisonnier dans la première rencontre, il revint d'Allemagne furieux, jurant bien qu'on ne le reprendrait plus à se battre, trouvant ça trop bête; et, comme il ne pouvait quitter l'armée, incapable d'un métier, il réussit à se faire nommer capitaine-trésorier, une niche, disait-il, où du moins on le laisserait crever tranquille. Ce jour-là, madame Burle avait senti un grand déchirement en elle. C'était fini, et elle n'avait plus quitté son attitude raidie, les dents serrées.

Le vent s'engouffra dans la rue des Récollets, un flot de pluie vint battre rageusement les vitres. La vieille femme avait levé les yeux des souches de vigne qui s'éteignaient, pour s'assurer que Charles ne s'endormait pas sur sa version latine. Cet enfant de douze ans redevenait une espérance suprême, où se rattachait son besoin entêté de gloire. D'abord, elle l'avait détesté, de toute la haine qu'elle portait à sa mère, une petite ouvrière en dentelles, jolie, délicate, que le capitaine avait eu la bêtise d'épouser, ne pouvant en faire sa maîtresse, fou de désir. Puis, la mère morte, le père vautré dans son vice, madame Burle s'était remise à rêver devant le pauvre être souffreteux, qu'elle élevait à grand'peine. Elle le voulait fort, il serait le héros que Burle avait refusé d'être; et, dans sa froideur sévère, elle le regardait pousser avec anxiété, lui tâtant les membres, lui enfonçant du courage dans le crâne. Peu à peu, aveuglée par sa passion, elle avait cru qu'elle tenait enfin l'homme de sa famille. L'enfant, de nature tendre et rêveuse, avait une horreur physique du métier des armes; mais, comme sa grand'mère lui faisait une peur horrible, et qu'il était très doux, très obéissant, il répétait ce qu'elle disait, l'air résigné à être soldat un jour.

Cependant, madame Burle remarqua que la version ne marchait guère. Charles, assourdi par le bruit de la tempête, dormait, la plume à la main, les yeux ouverts sur le papier. Alors, elle tapa de ses doigts secs le bord de la table; et il fit un saut, il ouvrit son dictionnaire qu'il feuilleta fiévreusement. Toujours muette, la vieille femme rapprocha les souches, essaya de rallumer le feu, sans y parvenir.

Au temps où elle croyait à son fils, elle s'était

dépouillée, il lui avait mangé ses petites rentes, dans des passions qu'elle n'osait approfondir. A cette heure encore, il vidait la maison, tout coulait à la rue; c'était la misère, les pièces nues, la cuisine froide. Jamais elle ne lui parlait de ces choses; car, dans son respect de la discipline, il restait le maître. Seulement, elle était parfois prise d'un frisson à la pensée que Burle pourrait bien un jour commettre quelque sottise, qui empêcherait Charles d'entrer dans l'armée.

Elle se levait pour aller chercher à la cuisine un sarment, lorsqu'une terrible bourrasque, qui s'abattit sur la maison, secoua les portes, arracha une persienne, rabattit l'eau des gouttières crevées, dont le torrent inonda les fenêtres. Et, dans ce vacarme, un coup de sonnette lui causa une surprise. Qui pouvait venir à une telle heure et par un temps pareil? Burle ne rentrait plus que passé minuit, quand il rentrait. Elle ouvrit. Un officier parut, trempé, éclatant en jurons.

— Sacré nom de Dieu!... Ah! quel chien de temps!

C'était le major Laguitte, un vieux brave qui avait servi sous le colonel Burle, au beau temps de madame Burle. Parti enfant de troupe, il était arrivé par sa bravoure, beaucoup plus que par son intelligence, au grade de chef de bataillon, lorsqu'une infirmité, un raccourcissement des muscles de la cuisse, à la suite d'une blessure, l'avait forcé d'accepter le poste de major. Il boitait même légèrement; mais il n'aurait pas fallu le lui dire en face, car il refusait d'en convenir.

— C'est vous, major? dit madame Burle, de plus en plus étonnée.

— Oui, nom de Dieu! grogna Laguitte, et il faut bougrement vous aimer pour courir les rues par cette sacrée pluie... C'est à ne pas mettre un curé dehors.

Il se secouait, des mares coulaient de ses bottes sur le plancher. Puis, il regarda autour de lui.

— J'ai absolument besoin de voir Burle... Est-ce qu'il est déjà couché, ce fainéant?

— Non, il n'est pas rentré, dit la vieille femme de sa voix dure.

Le major parut exaspéré. Il s'emporta, criant :

— Comment! pas rentré! Mais alors ils se sont fichus de moi, à son café, chez la Mélanie, vous savez bien!... J'arrive, et il y a une bonne qui me rit au nez, en me disant que le capitaine est allé se coucher. Ah! nom de Dieu! je sentais ça, j'avais envie de lui tirer les oreilles!

Il se calma, il piétina dans la pièce, indécis, l'air

bouleversé. Madame Burle le regardait fixement.

— C'est au capitaine lui-même que vous avez besoin de parler ? demanda-t-elle enfin.

— Oui, répondit-il.

— Et je ne puis lui répéter ce que vous avez à lui dire ?

— Non.

Elle n'insista pas. Mais elle restait debout, elle regardait toujours le major, qui ne semblait pouvoir se décider à partir. A la fin, la colère le reprit.

— Tant pis ! sacré nom !... Puisque je suis venu, il faut que vous sachiez... Ça vaut mieux peut-être.

Et il s'assit devant la cheminée, allongeant ses bottes boueuses, comme si un feu clair avait flambé sur les chenets. Madame Burle allait reprendre sa place dans son fauteuil, lorsqu'elle s'aperçut que Charles, vaincu par la fatigue, venait de laisser tomber sa tête entre les pages ouvertes de son dictionnaire. L'entrée du major l'avait d'abord secoué ; puis, voyant qu'on ne s'occupait plus de lui, il n'avait pu résister au sommeil. Sa grand'mère se dirigeait vers la table, pour donner une tape sur ses mains frêles qui blanchissaient sous la lampe, lorsque Laguitte l'arrêta.

— Non, non, laissez ce pauvre petit homme

dormir... Ce n'est pas si drôle, il n'a pas besoin d'entendre.

La vieille femme revint s'asseoir. Un silence régna. Tous deux se contemplaient.

— Eh bien ! ça y est ! dit enfin le major, en appuyant sa phrase d'un furieux mouvement du menton. Ce salaud de Burle a fait le coup !

Madame Burle n'eut pas un tressaillement. Elle blémissait, plus raide dans son fauteuil. L'autre continua :

— Je me méfiais bien... Je m'étais promis de vous en parler un jour. Burle dépensait trop, puis il avait un air idiot qui ne m'allait guère. Mais jamais je n'aurais cru... Ah ! nom de Dieu ! faut-il être bête pour faire des saletés pareilles !

Et il s'allongeait des coups de poing féroces sur le genou, étranglé d'indignation. La vieille femme dut lui poser une question nette.

— Il a volé ?

— Vous ne pouvez vous imaginer la chose... N'est-ce pas ? je ne vérifiais jamais, moi ! J'approuvais ses comptes, je donnais des signatures. Vous savez comment ça se passe, dans le conseil. Au moment de l'inspection seulement, à cause du colonel qui est un maniaque, je lui disais : « Mon vieux, veille à ta caisse, c'est moi qui en réponds. »

Et j'étais bien tranquille... Pourtant, depuis un mois, comme il avait une si drôle de tête et qu'on me rapportait des choses pas propres, je mettais davantage mon nez dans ses registres, j'épluchais ses écritures. Tout m'avait l'air en ordre, c'était très bien tenu...

Il s'arrêta, soulevé par une telle bouffée de fureur, qu'il dut se soulager tout de suite.

— Cré nom de Dieu ! cré nom de Dieu !... Ce n'est pas sa coquinerie qui me fâche, c'est la façon dégoûtante dont il s'est conduit à mon égard. Il s'est foutu de moi, entendez-vous, madame Burle !... Cré nom de Dieu ! est-ce qu'il me prend pour une vieille bête ?

— Alors, il a volé ? demanda de nouveau la mère.

— Ce soir, reprit le major un peu calmé, je sortais de table, lorsque Gagneux est venu... Vous connaissez Gagneux, le boucher qui est au coin de la place aux Herbes. Encore un sale coquin, celui-là, qui a eu l'adjudication de la viande et qui fait manger à nos hommes toutes les vaches crevées du département !... Bon ! je le reçois comme un chien, quand il me découvre le pot aux roses. Ah ! c'est du propre ! Il paraît que Burle ne lui donnait jamais que des acomptes; un mic-mac épouvantable, un embrouillamini de chiffres où le diable ne pourrait se reconnaître; bref, Burle lui redoit deux mille francs, et le boucher parle d'aller tout dire au colonel, si on ne le paye pas... Le pis est que mon cochon de Burle, pour me flanquer dedans, me donnait chaque semaine un reçu faux, qu'il signait carrément du nom de Gagneux... A moi, à moi son vieil ami, une pareille farce! Nom de Dieu de nom de Dieu!

Le major se leva, lança les poings au plafond et se laissa retomber sur sa chaise. Madame Burle répéta encore :

— Il a volé, ça devait être.

Puis, sans un mot de jugement et de condamnation sur son fils, elle ajouta simplement :

— Deux mille francs, mais nous ne les avons pas... Il y a peut-être trente francs ici.

— Je m'en doutais, dit Laguitte. Et vous savez où tout ça passe? chez la Mélanie, une sacrée roulure qui a rendu Burle complètement idiot... Oh! les femmes! je l'avais bien dit, qu'elles lui casseraient les reins! Je ne sais pas comment il est fait, cet animal-là! Il n'a que cinq ans de moins que moi, et il est encore enragé. Quel fichu tempérament!

Il y eut un nouveau silence. Au dehors, la pluie redoublait, et l'on entendait, dans la petite ville endormie, le fracas des tuyaux de cheminée et des ardoises que l'ouragan écrasait sur le pavé des rues.

— Voyons, reprit le major en se mettant debout, ça n'arrange pas les affaires, de rester là... Vous êtes prévenue, je file.

— Quel parti prendre? où s'adresser? murmurait la vieille femme.

— Ne vous désespérez pas, il faut voir... Si j'avais seulement ces deux mille francs; mais vous savez que je ne suis pas riche.

Il se tut, embarrassé. Lui, vieux garçon, sans femme, sans enfants, buvait scrupuleusement sa paye et perdait à l'écarté ce que le cognac et l'absinthe épargnaient. Avec cela, très honnête, par règle.

— N'importe! continua-t-il, quand il fut sur le seuil, je vais toujours aller relancer mon gredin chez sa donzelle. Je remuerai ciel et terre... Burle, le fils de Burle, condamné pour vol! Allons donc! est-ce que c'est possible! Ce serait la fin du monde. J'aimerais mieux faire sauter la ville... Et, tonnerre de Dieu! ne vous faites pas de peine. Tout ça, c'est encore plus vexant pour moi!

Il lui donna une rude poignée de main, il disparut dans l'ombre de l'escalier, pendant qu'elle l'éclairait, en levant la lampe. Quand elle eut reposé cette lampe sur la table, dans le silence et la nudité de la vaste pièce, elle resta un instant immobile, devant Charles qui dormait toujours, le visage entre les feuillets du dictionnaire. C'était, avec de longs cheveux blonds, une tête pâle de fille. Et elle rêvait, et sur son visage durci et fermé un attendrissement parut; mais ce ne fut qu'une rougeur passagère, le masque reprit tout de suite son entêtement de froide volonté. Elle appliqua une tape sèche sur la main du petit, en disant :

— Charles, ta version!

L'enfant se réveilla, effaré, grelottant, et se remit à feuilleter rapidement le dictionnaire. A ce moment, le major Laguitte, qui refermait à la volée la porte de la rue, recevait sur la tête un tel paquet d'eau, tombé des gouttières, qu'on l'entendit jurer dans le vacarme de la tempête. Puis, il n'y eut plus, au milieu du roulement de l'averse, que le léger grincement de la plume de Charles sur le papier. Madame Burle avait repris sa place devant la cheminée, raidie, les yeux sur le feu mort, dans son idée fixe et dans son attitude de tous les soirs.

II

Le Café de Paris, tenu par madame veuve Mélanie Cartier, se trouvait sur la place du Palais, une grande place irrégulière, plantée de petits ormes poussiéreux. A Vauchamp, on disait : « Viens-tu chez Mélanie ? » Au bout de la première salle, assez vaste, il y en avait une autre : « le Divan », très étroite, garnie de banquettes de moleskine le long des murs, avec quatre tables de marbre dans les angles. C'était là que Mélanie, désertant son comptoir où elle installait sa bonne Phrosine, passait la soirée avec quelques habitués, les intimes, ceux qu'on appelait dans la ville : « Ces messieurs du divan. » Cela notait un homme ; on ne le nommait plus qu'avec des sourires, où il entrait à la fois de la déconsidération et une sourde envie.

Madame Cartier était devenue veuve à vingt-cinq

ans. Son mari, un charron qui avait stupéfié Vauchamp en prenant le Café de Paris, à la mort d'un oncle, était revenu un beau matin avec elle de Montpellier, où il faisait tous les six mois un voyage pour ses liqueurs. Il montait sa maison; il avait, avec ses fournitures, choisi une femme telle qu'il la voulait sans doute, engageante et poussant aux consommations. Jamais on ne sut où il l'avait ramassée; et il ne l'épousa même que six mois après l'avoir essayée dans son comptoir. Les avis, d'ailleurs, se trouvaient partagés, à Vauchamp : les uns déclaraient Mélanie superbe; les autres la traitaient de gendarme. C'était une grande femme, avec de grands traits et des cheveux durs, qui lui tombaient sur les sourcils. Mais personne ne niait sa force à « entortiller les hommes ». Elle avait de beaux yeux, elle en abusait pour regarder fixement ces messieurs du divan, qui pâlissaient et devenaient souples. Puis, le bruit courait que c'était un beau corps de femme; et, dans le Midi, on aime ça.

Cartier était mort d'une façon singulière. On parla d'une querelle entre les époux, d'un dépôt qui s'était formé à la suite d'un coup de pied dans le ventre. Du reste, Mélanie se trouva fort embarrassée, car le café ne prospérait guère. Le charron avait mangé l'argent de l'oncle à boire lui-même son absinthe et à user son billard. On crut un instant qu'elle serait forcée de vendre. Mais cette vie lui plaisait, et pour une dame l'installation était toute faite. Il ne lui fallait jamais que quelques clients, la grande salle pouvait rester vide. Elle se contenta donc de faire coller du papier blanc et or dans le divan et de renouveler la moleskine des banquettes. D'abord, elle y tint compagnie à un pharmacien ; puis, vinrent un fabricant de vermicelle, un avoué, un magistrat en retraite. Et ce fut ainsi que le Café demeura ouvert, bien que le garçon n'y servît pas vingt consommations en un jour. L'autorité tolérait l'établissement, parce que les convenances étaient gardées et qu'en somme beaucoup de gens respectables se seraient trouvés compromis.

Le soir, dans la grande salle, quatre ou cinq petits rentiers du voisinage faisaient quand même leur partie de dominos. Cartier était mort, le Café de Paris avait pris d'étranges allures ; eux, ne voyaient rien, conservaient leurs habitudes. Comme le garçon devenait inutile, Mélanie finit par le congédier. C'était Phrosine qui allumait un seul bec de gaz, dans un coin, pour la partie des petits rentiers. Parfois, une bande de jeunes gens, attirés par les histoires qu'on racontait, après s'être excités à entrer chez Mélanie, envahissaient la salle, avec des rires bruyants et gênés. Mais on les recevait d'un air de dignité glaciale; ils ne voyaient pas la patronne, ou, si elle était là, elle les écrasait sous un mépris de belle femme, qui les laissait balbutiants. Mélanie avait trop d'intelligence pour s'oublier à des sottises. Pendant que la grande salle restait obscure, éclairée seulement dans l'angle où les petits rentiers remuaient mécaniquement leurs dominos, elle servait elle-même ces messieurs du divan, aimable sans licence, se permettant, aux heures d'abandon, de s'appuyer sur l'épaule d'un d'entre eux, pour suivre un coup délicat d'écarté.

Un soir, ces messieurs, qui avaient fini par se tolérer, eurent une surprise bien désagréable en trouvant le capitaine Burle installé dans le divan. Il était, paraît-il, entré le matin boire un vermout, par hasard; et, seul avec Mélanie, il avait causé. Le soir, quand il était revenu, Phrosine l'avait tout de suite fait passer dans la petite salle.

Deux jours après, Burle régnait, sans avoir pour cela mis en fuite ni le pharmacien, ni le fabricant de vermicelle, ni l'avoué, ni l'ancien magistrat. Le capitaine, petit et large, adorait les grandes femmes. Au régiment, on l'avait surnommé

« Juponeux », pour sa continuelle faim de la femme, pour sa rage d'appétits, qui se satisfaisait n'importe où et n'importe comment, d'autant plus violente, qu'elle pouvait mordre dans un morceau plus gros. Lorsque les officiers et même les simples soldats rencontraient quelque outre de chair, un débordement d'appas, une géante soufflée de graisse, ils s'écriaient, qu'elle fût en guenilles ou habillée de velours : « En voilà encore une pour ce sacré Juponeux ! » Toutes y passaient ; et, le soir, dans les chambrées, on prédisait qu'il s'en ferait crever. Aussi Mélanie, ce beau corps de femme, le prit-elle en entier, avec une puissance irrésistible. Il sombra, il s'abîma en elle. Au bout de quinze jours, il était tombé dans un hébétement d'amoureux gras qui se vide sans maigrir. Ses petits yeux, noyés au milieu de sa face bouffie, suivaient partout la veuve, de leur regard de chien battu. Il s'oubliait, en continuelle extase devant cette large figure d'homme, plantée de cheveux rudes comme des poils. De peur qu'elle ne lui coupât les vivres, comme il disait, il tolérait ces messieurs du divan et donnait sa paie jusqu'au dernier liard. Ce fut un sergent qui prononça le mot de la situation : « Juponeux a trouvé son trou, il y restera. » Un homme enterré !

Il était près de dix heures, lorsque le major Laguitte rouvrit furieusement la porte du Café de Paris. Par le battant, lancé à toute volée, on aperçut un instant la place du Palais, noire, changée en un lac de fange liquide, bouillonnante sous la terrible averse. Le major, trempé cette fois jusqu'à la peau, laissant derrière lui un fleuve, marcha droit au comptoir, où Phrosine lisait un roman.

— Bougresse! cria-t-il, c'est toi qui te fous des militaires?... Tu mériterais...

Et il leva la main, il ébaucha une claque à assommer un bœuf. La petite bonne se reculait, effarée, tandis que les bourgeois, béants, tournaient la tête sans comprendre. Mais le major ne s'attarda pas; il poussa la porte du divan, tomba entre Burle et Mélanie, juste au moment où celle-ci, par gentillesse, faisait boire un grog au capitaine à petites cuillerées, comme on donne la becquée à un serin favori. Il n'était venu, ce soir-là, que le magistrat en retraite et le pharmacien, qui tous deux s'en étaient allés de bonne heure, pris de tristesse. Et Mélanie, ayant besoin de trois cents francs le lendemain, profitait de l'occasion pour se montrer câline.

— Voyons, le chéri à sa mère... Donnez votre bec... C'est bon, hein? petit cochon!

Le capitaine, très rouge, avachi, les yeux morts, suçait la cuiller, d'un air de jouissance profonde.

— Nom de Dieu! gueula le major, debout sur le seuil, tu te fais donc garder par les femelles, maintenant! On me dit que tu n'es pas venu, on me flanque à la porte, pendant que tu es là, à te ramollir!

Burle, repoussant le grog, avait tressailli. D'un mouvement irrité, Mélanie s'était avancée, comme pour le couvrir de son grand corps. Mais Laguitte la regarda en face, avec cet air tranquille et résolu que connaissent bien les femmes menacées de recevoir une gifle.

— Laissez-nous, dit-il simplement.

Elle hésita encore une seconde. Elle avait cru sentir le vent de la gifle, et, blême de rage, elle rejoignit Phrosine dans le comptoir.

Quand ils furent enfin seuls, le major Laguitte se posa devant le capitaine Burle; puis, les bras croisés, se courbant, à pleine voix il lui cria dans la figure :

— Salaud!

L'autre, ahuri, voulut se fâcher. Il n'en eut pas le temps.

— Tais-toi!... Tu t'es fichu salement d'un ami. Tu m'as collé des reçus faux qui pouvaient nous conduire aux galères tous les deux. Est-ce que c'est propre, ça? Est-ce qu'on se fait des plaisanteries pareilles, quand on se connaît depuis trente ans?

Burle, retombé sur sa chaise, était devenu livide. Un grelottement de fiévreux agitait ses membres. Le major continua, en marchant autour de lui, et en donnant des coups de poing sur les tables:

— Alors, tu as volé comme un gratte-papier, et pour ce grand chameau!... Encore, si tu avais volé pour ta mère, ce serait honorable. Mais, nom de Dieu! aller manger la grenouille et apporter la monnaie dans cette baraque, c'est ça qui m'enrage!... Dis? qu'as-tu donc dans le coco pour te crever à ton âge, avec un pareil gendarme? Ne mens pas, je vous ai vus tout à l'heure faire vos saletés.

— Tu joues bien, toi, bégaya le capitaine.

— Oui, je joue, tonnerre! reprit le major, dont cette remarque redoubla la fureur, et je suis un sacré cochon de jouer, parce que ça me mange tout mon saint-frusquin, et que ce n'est guère à l'honneur de l'armée française. Mais, cré nom de Dieu! si je joue, je ne vole pas!... Crève, toi, si tu veux, laisse mourir de faim la maman et le moutard, seulement respecte la caisse et ne fous pas les amis dans l'embarras!

Il se tut. Burle restait les yeux fixes, l'air imbécile. On n'entendit pendant un instant que le bruit des bottes du major.

— Et pas un radis! reprit celui-ci violemment. Hein? te vois-tu entre deux gendarmes? Ah! salaud!

Il se calma, il le prit par le poignet et le mit debout.

— Allons, viens! Il faut tenter tout de suite quelque chose, car je ne veux pas me coucher avec ça sur l'estomac... J'ai une idée.

Dans la grande salle, Mélanie et sa bonne Phrosine causaient vivement, à demi-voix. Lorsqu'elle vit sortir les deux hommes, Mélanie osa s'approcher, pour dire à Burle sur un ton flûté :

— Comment? capitaine, vous partez déjà?

— Oui, il part, répondit brutalement Laguitte, et je compte bien qu'il ne remettra jamais les pieds dans votre sale trou.

La petite bonne, effrayée, tirait sa maîtresse par la robe. Elle eut le malheur de murmurer le mot « ivrogne ». Du coup, le major lâcha la gifle qui lui brûlait la main depuis un instant. Les deux femmes s'étaient baissées, il n'attrapa que le chignon de Phrosine, dont il aplatit le bonnet et cassa le peigne. Ce fut une indignation parmi les petits rentiers.

— Nom de Dieu! filons, dit Laguitte en poussant Burle sur le trottoir. Si je reste, je les assomme tous, là dedans.

Dehors, pour traverser la place, ils eurent de l'eau jusqu'aux chevilles. La pluie, poussée par le vent, ruisselait sur leurs visages. Pendant que le capitaine marchait silencieux, le major se remit à lui reprocher sa « couillonnade », avec plus d'emportement. Un joli temps, n'est-ce pas? pour courir les rues. S'il n'avait pas fait de bêtise, tous deux seraient chaudement dans leur lit, au lieu de patauger comme ça. Puis, il parla de Gagneux. Un gredin dont les viandes gâtées avaient par trois fois donné des coliques à tout le régiment! C'était dans huit jours que finissait le marché passé avec lui. Du diable si, à l'adjudication, on accepterait son offre!

— Ça dépend de moi, je choisis qui je veux, grondait le major. J'aimerais mieux me couper un bras que de faire encore gagner un sou à cet empoisonneur!

Il glissa, entra dans un ruisseau jusqu'aux genoux; et, la voix étranglée de jurons, il ajouta:

— Tu sais, je vais chez lui... Je monterai, tu

m'attendras à la porte... Je veux voir ce que cette crapule a dans le ventre, et s'il osera aller demain chez le colonel, comme il m'en a menacé... Avec un boucher, nom de Dieu ! se compromettre avec un boucher ! Ah ! tu n'es pas fier, toi ! c'est ce que je ne te pardonnerai jamais !

Ils arrivaient à la place aux Herbes. La maison de Gagneux était toute noire ; mais Laguitte frappa violemment, et l'on finit par lui ouvrir. Resté seul dans la nuit épaisse, le capitaine Burle ne songea même pas à chercher un abri. Il demeurait planté au coin du marché, debout sous la pluie battante, la tête pleine d'un grand bourdonnement qui l'empêchait de réfléchir. Il ne s'ennuya pas, il n'eut pas conscience du temps. La maison, avec sa porte et ses fenêtres closes, était comme morte; et il la regardait. Lorsque le major en sortit au bout d'une heure, il sembla au capitaine qu'il venait à peine d'y entrer.

Laguitte, l'air sombre, ne dit rien. Burle n'osa l'interroger. Un instant, ils se cherchèrent, se devinant dans les ténèbres. Puis, ils se remirent à suivre les rues obscures, où l'eau roulait comme dans un lit de torrent. Ils allaient ainsi côte à côte, vagues et muets ; le major, enfoncé dans son silence, ne jurait même plus. Pourtant, comme ils passaient de nouveau par la place du Palais, et que le Café de Paris était encore éclairé, il tapa sur l'épaule de Burle, en disant :

— Si jamais tu rentres dans ce trou...

— N'aie pas peur ! répondit le capitaine, sans le laisser achever la phrase.

Et il lui tendit la main. Mais Laguitte reprit :

— Non, non, je t'accompagne jusqu'à ta porte. Comme ça, je serai sûr au moins que tu n'y retourneras pas cette nuit.

Ils continuèrent leur marche. En remontant la rue des Récollets, tous deux ralentirent le pas. Puis, devant sa porte, après avoir sorti sa clef de la poche, le capitaine finit par se décider.

— Eh bien ? demanda-t-il.

— Eh bien ! reprit le major d'une voix rude, je suis un salaud comme toi... Oui, j'ai fait une saleté... Ah ! sacré nom ! que le diable t'emporte ! Nos soldats mangeront encore de la carne pendant trois mois.

Et il expliqua que Gagneux, ce dégoûtant Gagneux, était un bougre de tête, qui, petit à petit, l'avait amené à un marché : il n'irait pas trouver le colonel, il ferait même cadeau des deux mille francs, en remplaçant les faux reçus par des reçus signés de lui ; mais, en retour, il exigeait que le major lui assurât, aux prochaines adjudications, la fourniture de la viande. C'était une chose arrangée.

— Hein? reprit Laguitte, doit-il faire du rabiot, l'animal, pour nous lâcher ainsi deux mille francs!

Burle, étranglé d'émotion, avait saisi les mains de son vieil ami. Il ne put que balbutier des remerciements confus. La saleté que le major venait de commettre pour le sauver, le touchait aux larmes.

— C'est bien la première fois, grognait celui-ci. Il le fallait... Nom de Dieu! ne pas avoir deux mille francs dans son secrétaire! C'est à vous dégoûter de jamais toucher une carte... Tant pis pour moi! Je suis un pas grand'chose... Seulement, écoute, ne recommence pas, car du diable si je recommence, moi!

Le capitaine l'embrassa. Quand il fut rentré, le major resta un instant devant la porte, pour être certain qu'il se couchait. Puis, comme minuit sonnait et que la pluie battait toujours la ville noire, il rentra péniblement chez lui. L'idée de ses hommes le navrait. Il s'arrêta, il dit tout haut d'une voix changée, pleine d'une piété tendre :

— Les pauvres bougres! vont-ils en avaler de la vache, pour deux mille francs!

III

Dans le régiment, ce fut une stupéfaction. Juponeux avait rompu avec Mélanie. Au bout d'une semaine, la chose était prouvée, indéniable : le capitaine ne remettait pas les pieds au Café de Paris, on racontait que le pharmacien avait repris la place toute chaude, à la grande tristesse de l'ancien magistrat. Et, fait plus incroyable encore, le capitaine Burle vivait enfermé rue des Récollets. Il se rangeait décidément, jusqu'à passer les soirées au coin du feu, à faire répéter des leçons au petit Charles. Sa mère, qui ne lui avait pas soufflé mot de ses tripotages avec Gagneux, gardait, en face de lui, dans son fauteuil, sa raideur sévère; mais ses regards disaient qu'elle le croyait guéri.

Quinze jours plus tard, le major Laguitte vint un soir s'inviter à dîner. Il éprouvait quelque gêne à se retrouver avec Burle, non pour lui certes, mais pour le capitaine, auquel il craignait de rappeler de vilains souvenirs. Cependant, puisque le capitaine se corrigeait, il voulait lui donner une poignée de main et casser une croûte ensemble. Ça lui ferait plaisir.

Burle était dans sa chambre, lorsque Laguitte se présenta. Ce fut madame Burle qui reçut ce dernier. Après avoir dit qu'il venait manger la soupe, il ajouta, en baissant la voix :

— Eh bien ?

— Tout va pour le mieux, répondit la vieille femme.

— Rien de louche ?

— Rien absolument... Couché à neuf heures, pas une absence, et l'air très heureux.

— Ah ! nom de Dieu ! c'est gentil ! cria le major. Je savais bien qu'il fallait le secouer. Il a encore du cœur, l'animal !

Quand Burle parut, il lui serra les mains à les écraser. Et, devant la cheminée, avant de se mettre à table, on causa honnêtement, on célébra les douceurs du foyer domestique. Le capitaine déclara qu'il ne donnerait pas son chez-lui pour un royaume ; lorsqu'il avait retiré ses bretelles, mis ses pantoufles, et qu'il s'allongeait dans son fauteuil, le roi, disait-il, n'était pas son oncle. Le major approuvait, en l'examinant. Certes, la bonne conduite ne le maigrissait pas, car il avait encore enflé, les yeux gros, la bouche épaisse. Il sommeillait à demi, tassé dans sa chair, en répétant :

— La vie de famille, il n'y a que ça !... Ah ! la vie de famille !

— C'est très bien, dit le major inquiet de le voir si crevé, mais il ne faut de l'exagération en rien... Prends de l'exercice, entre de temps à autre au Café.

— Au Café, pourquoi faire ?... J'ai tout ce qu'il me faut ici. Non, non, je reste chez moi.

Charles rangeait ses livres, et Laguitte resta surpris de voir paraître une bonne, qui venait mettre la table.

— Tiens ! vous avez pris quelqu'un ? dit-il à madame Burle.

— Il l'a bien fallu, répondit celle-ci en soupirant. Mes jambes ne vont plus, tout le ménage était à l'abandon... Heureusement que le père Cabrol m'a confié sa fille. Vous connaissez le père Cabrol, ce vieux qui a le balayage du marché ?... Il ne savait que faire de Rose. Je lui apprends un peu de cuisine.

La bonne sortait.

— Quel âge a-t-elle donc? demanda le major.

— A peine dix-sept ans. C'est bête, c'est sale. Mais je ne lui donne que dix francs par mois, et elle ne mange que de la soupe.

Lorsque Rose rentra avec une pile d'assiettes, Laguitte, que les filles intéressaient peu, la suivit du regard, étonné d'en rencontrer une si laide. Elle était petite, très noire, légèrement bossue, avec une face de guenon à nez épaté, à bouche fendue largement, et où luisaient de minces yeux verdâtres. Les reins larges et les bras longs, elle avait l'air très fort.

— Sacré nom! quelle gueule! dit Laguitte égayé, quand la bonne fut sortie de nouveau, en quête du sel et du poivre.

— Bah! murmura Burle négligemment, elle est très complaisante, elle fait tout ce qu'on veut. C'est toujours assez bon pour laver la vaisselle.

Le dîner fut charmant. Il y avait le pot-au-feu et un ragoût de mouton. On fit raconter à Charles des histoires de son collège. Madame Burle, afin de montrer combien il était gentil, lui posa plusieurs fois sa question : « N'est-ce pas que tu veux être militaire? » Et un sourire effleurait ses lèvres blanches, lorsque le petit répondait avec une obéissance craintive de chien savant : « Oui, grand'-

mère. » Le capitaine Burle avait posé les coudes sur la table, mâchant lentement, absorbé. Une chaleur montait, l'unique lampe qui éclairait la table, laissait les coins de la vaste pièce dans une ombre vague. C'était un bien-être alourdi, une intimité de gens sans fortune, qui ne changent pas d'assiette à tous les plats, et qu'un compotier plein d'œufs à la neige, servi au dernier moment, met en gaieté.

Rose, dont les talons lourds faisaient danser la table, lorsqu'elle tournait derrière les convives, n'avait pas encore ouvert la bouche. Elle vint se planter près du capitaine, elle demanda d'une voix rauque :

— Monsieur veut du fromage?

— Hein? quoi? dit Burle en tressaillant. Ah! oui, du fromage... Tiens bien l'assiette.

Il coupa un morceau de gruyère, tandis que la petite, debout, le regardait de ses yeux minces. Laguitte riait. Depuis le commencement du repas, Rose l'amusait énormément. Il baissait la voix, il murmurait à l'oreille du capitaine :

— Non, tu sais, je la trouve épatante! On n'a pas le nez ni la bouche bâtis comme ça... Envoie-la donc un jour chez le colonel, histoire de la lui montrer. Ça le distraira.

Cette laideur l'épanouissait paternellement. Il désira la voir de près.

— Dis donc, ma fille, et moi ? J'en veux bien, du fromage.

Elle vint avec l'assiette ; et lui, le couteau planté dans le gruyère, s'oubliait à la regarder, riant d'aise, parce qu'il découvrait qu'elle avait une narine plus large que l'autre. Rose, très sérieuse, se laissant dévisager, attendait que le monsieur eût fini de rire.

Elle ôta la table, elle disparut. Burle s'endormit tout de suite, au coin du feu, pendant que le major et madame Burle causaient. Charles s'était remis à ses devoirs. Une grande paix tombait du haut plafond, cette paix des familles bourgeoises que leur bonne entente rassemble dans la même pièce. A neuf heures, Burle se réveilla en bâillant et déclara qu'il allait se coucher ; il demandait pardon, mais ses yeux se fermaient malgré lui. Quand le major partit, une demi-heure plus tard, madame Burle chercha vainement Rose, pour qu'elle l'éclairât : elle devait être déjà montée dans sa chambre ; une vraie poule, cette fille, qui ronflait des douze heures à poings fermés.

— Ne dérangez personne, dit Laguitte, sur le palier. Je n'ai pas de meilleures jambes que vous ;

mais, en tenant la rampe, je ne me casserai rien... Enfin, chère dame, je suis bien heureux. Voilà vos chagrins finis. J'ai étudié Burle et je vous jure qu'il ne cache pas la moindre farce... Nom de Dieu! il était temps qu'il sortît des jupons. Ça tournait mal.

Le major s'en allait ravi. Une maison de braves gens, et où les murs étaient de verre ; pas moyen d'y enfouir des saletés !

Dans cette conversion, ce qui l'enchantait, au fond, c'était de n'avoir plus à vérifier les écritures du capitaine. Rien ne l'assommait comme toutes ces paperasses. Du moment que Burle se rangeait, lui pouvait fumer des pipes et donner des signatures, les yeux fermés. Pourtant, il veillait toujours d'un œil. Les reçus étaient bons, les totaux s'équilibraient admirablement ; aucune irrégularité. Au bout d'un mois, il ne faisait plus que feuilleter les reçus et s'assurer des totaux, comme il avait toujours fait, d'ailleurs. Mais, un matin, sans aucune méfiance, uniquement parce qu'il avait rallumé une pipe, ses yeux s'attardèrent à une addition, il constata une erreur de treize francs ; le total était forcé de treize francs, pour balancer les comptes ; et il n'y avait pas eu d'erreur dans les sommes portées, car il les collationna sur les reçus. Cela lui sembla louche ; il n'en parla pas à Burle, il se promit de revoir les additions. La semaine suivante, nouvelle erreur, dix-neuf francs en moins. Alors, saisi d'inquiétude, il s'enferma avec les registres, il passa une matinée abominable à tout reprendre, à tout additionner, suant, jurant, le crâne éclatant de chiffres. Et, à chaque addition, il constatait un vol de quelques francs : c'était misérable, dix francs, huit francs, onze francs ; dans les dernières, cela tombait à quatre et trois francs, et il y en avait même une sur laquelle Burle n'avait pris qu'un franc cinquante. Depuis près de deux mois, le capitaine rognait ainsi les écus de sa caisse. En comparant les dates, le major put établir que la fameuse leçon l'avait fait se tenir tranquille juste pendant huit jours. Cette découverte acheva de l'exaspérer.

— Nom de Dieu de nom de Dieu ! gueulait-il tout seul, en donnant des coups de poing sur les registres, c'est encore plus sale !... Au moins les faux reçus de Gagneux, c'était crâne... Tandis que, cette fois, nom de Dieu ! le voilà aussi bas qu'une cuisinière qui chipe deux sous sur un pot-au-feu... Aller gratter sur les additions ! Foutre un franc cinquante dans sa poche !... Nom de Dieu ! nom de Dieu !... Sois donc plus fier, salaud !...

Emporte la caisse, et va la bouffer avec des actrices!

La pauvreté honteuse de ces vols l'indignait. En outre, il était furieux d'avoir été dupé de nouveau par ce moyen des additions fausses, si simple et si bête. Il se leva, il marcha pendant une heure dans son cabinet, hors de lui, ne sachant que faire, lâchant des phrases à voix haute.

— Décidément, c'est un homme toisé. Il faut agir... Je lui flanquerais une suée chaque matin, que ça ne l'empêcherait pas, tous les après-midi, de se coller dans le gousset sa pièce de trois francs... Mais, tonnerre de Dieu! où mange-t-il ça? Il ne sort plus, il se couche à neuf heures, et tout paraît si honnête, si gentil chez eux!... Est-ce que le cochon a encore des vices qu'on ne lui connaît pas?

Il se remit à son bureau, additionna les sommes soustraites, qui montaient à cinq cent quarante-cinq francs. Où prendre cet argent? L'inspection justement approchait; il suffisait que ce maniaque de colonel s'avisât de refaire une addition, pour que le pot aux roses fût découvert. Cette fois, Burle était fichu.

Cette idée calma le major. Il ne jurait plus, il restait glacé, avec l'image de madame Burle toute droite et désespérée devant lui. En même temps, il avait le cœur si gros pour son compte, que sa poitrine éclatait.

— Voyons, murmura-t-il, il faut avant tout que je voie clair dans les histoires de ce bougre-là. Après, il sera toujours temps d'agir.

Il se rendit au bureau de Burle. Du trottoir d'en face, il aperçut une jupe qui disparaissait dans l'entre-bâillement de la porte. Croyant tenir le pot aux roses, il se glissa derrière elle, et écouta. C'était Mélanie, il la reconnut à sa voix flûtée de grosse femme. Elle se plaignait de ces messieurs du divan, elle parlait d'un billet, qu'elle ne savait comment payer; les huissiers étaient chez elle, tout allait être vendu. Puis, comme le capitaine répondait à peine, disant qu'il n'avait pas un sou, elle finit par éclater en larmes. Elle le tutoya, l'appela « le chéri à sa mère ». Mais elle eut beau employer les grands moyens, ses séductions ne durent avoir aucun effet, car la voix sourde de Burle répétait toujours : « Pas possible ! pas possible ! » Au bout d'une heure, quand Mélanie se retira, elle était furieuse. Le major, étonné de la façon dont tournaient les choses, attendit un instant pour entrer dans la pièce, où le capitaine était resté seul. Il le trouva très calme, et, malgré une furieuse envie de le traiter de triple cochon, il ne lui dit rien, résolu à savoir la vérité d'abord.

Le bureau ne sentait pas la coquinerie. Devant la table de bois noir, il y avait, sur le fauteuil canné du capitaine, un honnête rond de cuir; et, dans un coin, la caisse était solidement fermée, sans une fente. L'été venait, un chant de serin entrait par une fenêtre. C'était très en ordre, les cartons exhalaient une odeur de vieux papiers, qui inspirait la confiance.

— N'est-ce pas cette carcasse de Mélanie qui sortait comme j'entrais? demanda Laguitte.

Burle haussa les épaules, en murmurant :

— Oui... Elle est encore venue me tanner pour que je lui donne deux cents francs... Pas dix francs, pas dix sous !

— Tiens ! reprit l'autre voulant le sonder, on m'avait dit que tu la revoyais.

— Moi !... Ah ! non par exemple ! j'en ai assez, de tous ces chameaux-là !

Laguitte se retira, très perplexe. A quoi avaient bien pu passer les cinq cent quarante-cinq francs? Est-ce que le brigand, après les femmes, aurait tâté du vin et du jeu? Il se promit de surprendre Burle chez lui, le soir même; peut-être, en le faisant causer et en questionnant sa mère, arriverait-il à connaître la vérité. Mais, l'après-midi, il souffrit cruellement de sa jambe; depuis quelque temps, ça n'allait plus du tout, il avait dû se résigner à se servir d'une canne, pour ne pas boiter trop violemment. Cette canne le désespérait; comme il le disait avec une rage désolée, maintenant il était dans les invalides. Pourtant, le soir, par un effort de volonté, il se leva de son fauteuil; et, s'abandonnant sur sa canne dans la nuit noire, il se traîna rue des Récollets. Neuf heures sonnaient, quand il y arriva. En bas, la porte de la rue était entr'ouverte. Il soufflait sur le palier du troisième étage, lorsqu'un bruit de voix, à l'étage supérieur, le surprit. Il avait cru reconnaître la voix de Burle. Par curiosité, il monta. Au fond d'un couloir, à gauche, une porte laissait passer une raie de lumière; mais, au craquement de ses bottes, la porte se referma, et il se trouva dans une obscurité profonde.

— C'est idiot! pensa-t-il. Quelque cuisinière qui se couche.

Pourtant, il vint le plus doucement possible coller son oreille contre la porte. Deux voix causaient. Il resta béant. C'étaient ce cochon de Burle et ce monstre de Rose.

— Tu m'avais promis trois francs, disait rudement la petite bonne. Donne-moi trois francs.

— Ma chérie, je te les apporterai demain, reprenait le capitaine d'une voix suppliante. Aujourd'hui, je n'ai pas pu... Tu sais que je tiens toujours mes promesses.

— Non, donne-moi trois francs, ou tu vas redescendre.

Elle devait être déshabillée déjà, assise sur le bord de son lit de sangles, car le lit craquait à chacun de ses mouvements. Le capitaine, debout, piétinait. Il s'approcha.

— Sois gentille. Fais-moi de la place.

— Veux-tu me laisser! cria Rose de sa voix mauvaise. J'appelle, je dis tout à la vieille, en bas... Quand tu m'auras donné trois francs!

Et elle ne sortait pas de ses trois francs, comme une bête têtue qui refuse de passer.

Burle se fâcha, pleura; puis, pour l'attendrir, il sortit de sa poche un pot de confiture, qu'il avait pris dans l'armoire de sa mère. Rose l'accepta, se mit tout de suite à le vider, sans pain, avec le manche d'une fourchette qui traînait sur sa commode. C'était très bon. Mais, quand le capitaine crut l'avoir conquise, elle le repoussa du même geste obstiné.

— Je m'en fiche de ta confiture!... C'est les trois francs qu'il me faut!

A cette dernière exigence, le major leva sa canne pour fendre la porte en deux. Il suffoquait. Nom de Dieu ! la sacrée garce ! Et dire qu'un capitaine de l'armée française acceptait ça ! Il oubliait la saleté de Burle, il aurait étranglé cette horreur de femme, à cause de ses manières. Est-ce qu'on marchandait, quand on avait une gueule comme la sienne ! C'est elle qui aurait dû payer ! Mais il se retint pour entendre la suite.

— Tu me fais beaucoup de peine, répétait le capitaine. Moi qui me suis montré si bon pour toi... Je t'ai donné une robe, puis des boucles d'oreilles, puis une petite montre... Tu ne te sers pas même de mes cadeaux.

— Tiens ! pour les abîmer !... C'est papa qui me garde mes affaires.

— Et tout l'argent que tu m'as tiré ?

— Papa me le place.

Il y eut un silence. Rose réfléchissait.

— Écoute, si tu jures que tu m'apporteras six francs demain soir, je veux bien... Mets-toi à genoux et jure que tu m'apporteras six francs... Non, non, à genoux !

Le major Laguitte, frémissant, s'éloigna de la porte et resta sur le palier, adossé au mur. Ses jambes s'en allaient, et il brandissait sa canne comme un sabre, dans la nuit noire de l'escalier. Ah ! nom de Dieu ! il comprenait pourquoi ce cochon de Burle ne quittait plus son chez-lui et se couchait à neuf heures ! Une jolie conversion, je t'en fiche ! et avec un sale trognon que le dernier des troupiers n'aurait pas ramassé sur un tas d'ordures !

— Mais, sacré nom ! dit le major tout haut, pourquoi n'a-t-il pas gardé Mélanie ?

Que faire maintenant ? Entrer et leur flanquer à tous les deux une volée de coups de canne ? C'était son idée d'abord ; puis, il avait eu pitié de la pauvre vieille, en bas. Le mieux était de les laisser à leur ordure. On ne tirerait plus rien de propre du capitaine. Quand un homme en tombait là, on pouvait lui jeter une pelletée de terre sur la tête, pour en finir comme avec une bête pourrie, empoisonnant le monde. Et l'on aurait beau lui mettre le nez dans son caca, il recommencerait le lendemain, il finirait par prendre des sous, afin de payer des sucres d'orge aux petites mendiantes pouilleuses. Nom de Dieu ! l'argent de l'armée française ! et l'honneur du drapeau ! et le nom de Burle, ce nom respecté qui allait finir dans la crotte ! Nom de Dieu de nom de Dieu ! ça ne pouvait pas se terminer comme ça !

Un instant, le major s'attendrit. Si encore il avait eu les cinq cent quarante-cinq francs; mais pas un liard! La veille, à la pension, après s'être grisé de cognac comme un sous-lieutenant, il avait pris une culotte abominable. C'était bien fait, s'il traînait la jambe! Il aurait mérité d'en crever!

Alors, il laissa les deux vaches faire dodo. Il descendit et sonna chez madame Burle. Au bout de cinq grandes minutes, ce fut la vieille dame qui vint ouvrir elle-même.

— Je vous demande pardon, dit-elle. Je croyais que cette marmotte de Rose était encore là... Il faut que j'aille la secouer dans son lit.

Le major la retint.

— Et Burle? demanda-t-il.

— Oh! lui, ronfle depuis neuf heures... Voulez-vous frapper à la porte de sa chambre?

— Non, non... Je désire seulement vous dire un petit bonsoir.

Dans la salle à manger, Charles, devant la table, à sa place ordinaire, venait d'achever sa version. Mais il avait l'air terrifié, et ses pauvres mains blanches tremblaient. Sa grand'mère, avant de l'envoyer se coucher, lui lisait des récits de bataille, pour développer en lui l'héroïsme de la famille. Ce soir-là, l'histoire du *Vengeur*, ce vaisseau chargé de mourants qui s'engloutit dans la vaste mer, laissait l'enfant sous le coup d'une crise nerveuse, la tête emplie d'un horrible cauchemar.

Madame Burle demanda au major la permission d'achever sa lecture. Puis, elle ferma le livre solennellement, quand le dernier matelot eut crié : « Vive la République ! » Charles était blanc comme un linge.

— Tu as entendu ? dit la vieille dame. Le devoir de tout soldat français est de mourir pour la patrie.

— Oui, grand'mère.

Il l'embrassa sur le front, et s'en alla grelottant de peur, se coucher dans sa grande chambre, où le moindre craquement des boiseries lui donnait des sueurs froides.

Le major avait écouté d'un air grave. Oui, nom de Dieu ! l'honneur était l'honneur, et jamais il ne laisserait ce gredin de Burle déshonorer la pauvre vieille et ce moutard. Puisque le gamin avait tant de goût pour l'état militaire, il fallait qu'il pût entrer à Saint-Cyr, la tête haute. Pourtant, le major reculait devant une sacrée idée qui lui entrait dans la tête, depuis l'histoire des six francs là-haut, lorsque madame Burle prit la lampe et l'accompagna. Comme elle passait devant la chambre du capitaine, elle fut surprise de voir la clef sur la porte, ce qui n'arrivait jamais.

— Entrez donc, dit-elle, c'est mauvais pour lui de tant dormir, ça le rend lourd.

Et, avant qu'il pût l'en empêcher, elle ouvrit la porte et demeura glacée, en trouvant la chambre vide. Laguitte était devenu très rouge, et il avait l'air si bête, qu'elle comprit tout d'un coup, éclairée par le souvenir de mille petits faits.

— Vous le saviez, vous le saviez, bégaya-t-elle. Pourquoi ne pas m'avertir?... Mon Dieu! chez moi, à côté de son fils, avec cette laveuse de vaisselle, avec ce monstre!... Et il a encore volé, je le sens!

Elle restait toute droite, blanche et raidie. Puis, elle ajouta d'une voix dure :

— Tenez! je le voudrais mort!

Laguitte lui prit les deux mains, qu'il tint un moment serrées fortement dans les siennes. Ensuite, il fila, car il avait un nœud en travers de la gorge, il aurait pleuré. Ah! nom de Dieu de nom de Dieu! cette fois, par exemple, il était décidé!

IV

L'inspection générale devait avoir lieu à la fin du mois. Le major avait dix jours devant lui. Dès le lendemain, il se traîna en boitant au Café de Paris, où il commanda un bock. Mélanie était devenue toute pâle, et ce fut avec la crainte de recevoir une gifle que Phrosine se résigna à servir le bock demandé. Mais le major semblait très calme; il se fit donner une chaise pour allonger sa jambe; puis, il but sa bière en brave homme qui a soif. Depuis une heure, il était là, quand il vit passer sur la place du Palais deux officiers, le chef de bataillon Morandot et le capitaine Doucet. Et il les appela, en agitant violemment sa canne.

— Entrez donc prendre un bock ! leur cria-t-il, dès qu'ils se furent approchés.

Les officiers n'osèrent refuser. Lorsque la petite bonne les eut servis :

— Vous venez ici, maintenant ? demanda Morandot au major.

— Oui, la bière y est bonne.

Le capitaine Doucet cligna les yeux d'un air malin.

— Est-ce que vous êtes du divan, major ?

Laguitte se mit à rire, sans répondre. Alors, on le plaisanta sur Mélanie. Lui, haussait les épaules d'un air bonhomme. C'était tout de même un beau corps de femme, et l'on pouvait blaguer, ceux qui avaient l'air de cracher dessus, en auraient tout de même fait leurs choux gras. Puis, se tournant vers le comptoir, tâchant de prendre une mine gracieuse, il dit :

— Madame, d'autres bocks !

Mélanie était si surprise, qu'elle se leva et apporta la bière. Quand elle fut devant la table, le major la retint ; même il s'oublia jusqu'à lui donner de petites tapes sur la main qu'elle avait posée au dossier d'une chaise. Alors, elle-même, habituée aux calottes et aux caresses, se montra très galante, croyant à une fantaisie chez ce vieux démoli, comme elle le nommait avec Phrosine. Doucet et Morandot se regardaient. Comment ! ce sacré major succédait à Juponeux! Ah! saperlotte! on allait rire au régiment!

Tout d'un coup, Laguitte qui, à travers la porte ouverte, surveillait d'un œil la place du Palais, eut une exclamation.

— Tiens! Burle!

— Oui, c'est son heure, dit Phrosine en s'approchant, elle aussi. Le capitaine passe tous les après-midi, au retour de son bureau.

Le major, malgré sa mauvaise jambe, s'était mis debout. Il bousculait les chaises, il criait:

Eh! Burle!... Arrive donc! tu prendras un bock!

Le capitaine, ahuri, ne comprenant pas comment Laguitte pouvait se trouver chez Mélanie, avec Doucet et Morandot, s'avança machinalement. C'était le renversement de toutes ses idées. Il s'arrêta sur le seuil, hésitant encore.

— Un bock! commanda le major.

Puis, se tournant:

— Qu'est-ce que tu as?... Entre donc, et assieds-toi. As-tu peur qu'on ne te mange!

Quand le capitaine se fut assis, il y eut une gêne. Mélanie apportait le bock avec un léger tremblement des mains, travaillée par la continuelle crainte d'une scène qui ferait fermer son établissement. Maintenant, la galanterie du major l'inquiétait. Elle tâcha de s'esquiver, lorsqu'il l'invita à prendre quelque chose avec ces messieurs. Mais, comme s'il eût parlé en maître dans la maison, il avait déjà commandé à Phrosine un petit verre d'anisette; et Mélanie fut forcée de s'asseoir, entre lui et le capitaine. Il répétait, d'un ton cassant :

— Moi, je veux qu'on respecte les dames... Soyons chevaliers français, nom de Dieu ! A la santé de madame !

Burle, les yeux sur sa chope, gardait un sourire embarrassé. Les deux autres officiers, choqués de trinquer ainsi, avaient déjà tenté de partir. Heureusement, la salle était vide. Seuls, les petits rentiers, autour de leur table, faisaient leur partie de l'après-midi, tournant la tête à chaque juron, scandalisés de voir tant de monde et prêts à menacer Mélanie d'aller au Café de la Gare, si la troupe devait les envahir. Tout un vol de mouches bourdonnait, attiré par la saleté des tables, que Phrosine ne lavait plus que le samedi. Étendue dans le comptoir, la petite bonne s'était remise à lire un roman.

— Eh bien ! tu ne trinques pas avec madame ? dit rudement le major à Burle. Sois poli au moins !

Et, comme Doucet et Morandot se levaient de nouveau :

— Attendez donc, nom de Dieu! nous partons ensemble... C'est cet animal-là qui n'a jamais su se conduire.

Les deux officiers restèrent debout, étonnés de la brusque colère du major. Mélanie voulut mettre la paix, avec son rire de fille complaisante, en posant ses mains sur les bras des deux hommes. Mais Laguitte repartait.

— Non, laissez-moi... Pourquoi n'a-t-il pas trinqué? Je ne vous laisserai pas insulter, entendez-vous!... A la fin, j'en ai assez de ce cochon-là !

Burle, très pâle sous cette insulte, se leva et dit à Morandot :

— Qu'a-t-il donc? Il m'appelle pour me faire une scène... Est-ce qu'il est soûl?

— Nom de Dieu de nom de Dieu! gueula le major.

Et, se mettant debout à son tour, tremblant sur ses jambes, il allongea à toute volée une gifle au capitaine. Mélanie n'eut que le temps de se baisser pour n'en pas recevoir la moitié sur l'oreille. Ce fut un tapage affreux. Phrosine jeta des cris dans le comptoir, comme si on l'avait battue. Les petits rentiers, terrifiés, se retranchèrent derrière leur table, croyant que tous ces soldats allaient tirer leurs sabres et se massacrer. Cependant, Doucet et Morandot avaient saisi le capitaine par les bras, pour l'empêcher de sauter à la gorge du major; et ils l'emmenaient doucement vers la porte. Dehors, ils le calmèrent un peu, en donnant tous les torts à Laguitte. Le colonel prononcerait, car le soir même ils iraient lui soumettre le cas, comme témoins de l'affaire. Quand ils eurent éloigné Burle, ils rentrèrent dans le café, où Laguitte, très ému, des larmes sous les paupières, affectait un grand calme en achevant son bock.

— Écoutez, major, dit le chef de bataillon, c'est très mal... Le capitaine n'a pas votre grade, et vous savez qu'on ne peut l'autoriser à se battre avec vous.

— Oh! nous verrons, répondit le major.

— Mais que vous a-t-il fait? Il ne vous parlait seulement pas... Deux vieux camarades, c'est absurde!

Le major eut un geste vague.

— Tant pis! Il m'embêtait.

Et il ne sortit plus de cette réponse. On n'en sut jamais davantage. Le bruit n'en fut pas moins énorme. En somme, l'opinion de tout le régiment était que Mélanie, enragée d'avoir été lâchée par le capitaine, l'avait fait gifler par le major, tombé, lui aussi, dans ses griffes, et auquel elle devait raconter des histoires abominables. Qui aurait cru ça, de cette vieille peau de Laguitte, après toutes les horreurs qu'il lâchait sur les femmes? A son tour, il était pincé. Malgré le soulèvement contre Mélanie, l'aventure la posa comme une femme très en vue, à la fois crainte et désirée, et dont la maison fit dès lors des affaires superbes.

Le lendemain, le colonel avait convoqué le major et le capitaine. Il les sermonna durement, en leur reprochant d'avoir déshonoré l'armée dans des endroits malpropres. Qu'allaient-ils résoudre à présent, puisqu'il ne pouvait les autoriser à se battre? C'était la question qui, depuis la veille, passionnait le régiment. Des excuses semblaient inacceptables, à cause de la gifle; pourtant, comme Laguitte, avec sa mauvaise jambe, ne se tenait plus debout, on pensait qu'une réconciliation aurait peut-être lieu, si le colonel l'exigeait.

— Voyons, reprit le colonel, me prenez-vous pour arbitre?

— Pardon, mon colonel, interrompit le major. Je viens vous apporter ma démission... La voici. Cela arrange tout. Veuillez fixer le jour de la rencontre.

Burle le regarda d'un air surpris. De son côté, le colonel crut devoir présenter quelques observations.

— C'est bien grave, major, la détermination que vous prenez là... Vous n'aviez plus que deux ans pour arriver à la retraite...

Mais, de nouveau, Laguitte lui coupa la parole, en disant d'une voix bourrue :

— Ça me regarde.

— Oh ! parfaitement... Eh bien ! je vais envoyer votre démission, et dès qu'elle aura été acceptée, je fixerai le jour de la rencontre.

Ce dénouement stupéfia le régiment. Qu'avait-il donc dans le ventre, cet enragé de major, à vouloir quand même se couper la gorge avec son vieux camarade Burle ? On reparla de Mélanie et de son beau corps de femme ; tous les officiers en rêvaient maintenant, allumés par cette idée qu'elle devait être décidément très bien, pour emballer ainsi de vieux durs à cuire. Le chef de bataillon Morandot, ayant rencontré Laguitte, ne lui cacha pas ses inquiétudes. S'il n'était pas tué, comment vivrait-il ? car il n'avait pas de fortune, et c'était tout juste s'il mangerait du pain, avec la pension de sa croix d'officier et l'argent de sa retraite, réduite de moitié. Pendant que Morandot parlait, Laguitte, roulant ses gros yeux, regardait fixement le vide, enfoncé dans la muette obstination de son crâne étroit. Puis, lorsque l'autre tâcha de le questionner sur sa haine contre Burle, il répéta sa phrase, en l'accompagnant du même geste vague.

— Il m'embêtait. Tant pis!

Chaque matin, à la cantine, à la pension des officiers, la première parole était : « Eh bien! est-elle arrivée, cette démission? » On attendait le duel, on en discutait surtout l'issue probable. Le plus grand nombre croyait que Laguitte serait embroché en trois secondes, car c'était absurde de vouloir se battre à son âge, avec une jambe paralysée, qui ne lui permettrait seulement pas de se fendre. Quelques-uns pourtant hochaient la tête. Certes, Laguitte n'avait jamais été un prodige d'intelligence; on le citait même, depuis vingt ans, pour sa stupidité; mais, autrefois, il était connu comme le premier tireur du régiment; et, parti enfant de troupe, il avait gagné ses épaulettes de chef de bataillon par une bravoure d'homme sanguin qui n'a pas conscience du danger. Au contraire, Burle, tireur médiocre, passait pour un poltron. Enfin, il faudrait voir. Et l'émotion grandissait, car cette diablesse de démission restait bien longtemps en route.

Le plus inquiet, le plus bouleversé était certainement le major. Huit jours s'étaient passés, l'inspection générale devait commencer le surlendemain. Rien ne venait. Il tremblait d'avoir giflé son vieil ami, donné sa démission, pour le plaisir, sans retarder le scandale d'une minute. Lui tué, il n'aurait pas l'embêtement de voir ça; et, s'il tuait Burle, comme il y comptait, on étoufferait l'affaire tout de suite : il aurait sauvé l'honneur de l'armée, et le petit pourrait entrer à Saint-Cyr. Mais, nom de Dieu ! ces gratte-papier du ministère avaient besoin de se presser! Le major ne tenait plus en place; on le voyait rôder devant la poste, guetter les courriers, interroger le planton chez le colonel, pour savoir. Il ne dormait plus, et se fichant du monde désormais, il s'abandonnait sur sa canne, il boitait abominablement.

La veille de l'inspection, il se rendait chez le colonel une fois encore, lorsqu'il resta saisi, en apercevant à quelques pas madame Burle, qui menait Charles au collège. Il ne l'avait pas revue, et, de son côté, elle s'était enfermée chez elle. Défaillant, il se rangea sur le trottoir, pour le lui laisser tout entier. Ni l'un ni l'autre ne se saluèrent, ce qui fit lever de grands yeux étonnés au petit garçon. Madame Burle, l'air froid, la taille haute, frôla le major, sans un tressaillement. Et lui, quand elle l'eut dépassé, la regarda s'éloigner d'un air d'ahurissement tendre.

— Nom de Dieu ! je ne suis donc pas un homme ! grogna-t-il en renfonçant ses larmes.

Comme il entrait chez le colonel, un capitaine, qui était là, lui dit :

— Eh bien ! ça y est, le papier vient d'arriver.

— Ah ! murmura-t-il, très pâle.

Et il revoyait la vieille dame s'en aller, avec l'enfant à la main, dans sa raideur implacable. Tonnerre de Dieu ! dire qu'il avait souhaité si ardemment l'arrivée du papier depuis huit jours, et que ce chiffon-là, maintenant, le bousculait et lui chauffait à ce point les entrailles !

Le duel eut lieu le lendemain matin, dans la cour de la caserne, derrière un petit mur. L'air était vif, un clair soleil luisait. On fut presque obligé de porter Laguitte. Un de ses témoins lui donnait le bras, tandis qu'il s'appuyait de l'autre côté sur sa canne. Burle, le visage bouffi d'une mauvaise graisse jaune, avait l'air de dormir debout, comme assommé par une nuit de noce. Pas une parole ne fut échangée. Tout le monde avait hâte d'en finir.

Ce fut le capitaine Doucet, un des témoins, qui engagea le fer. Il recula et dit :

— Allez, messieurs!

Burle attaqua aussitôt, voulant tâter Laguitte et savoir ce qu'il devait en attendre. Depuis dix jours, cette affaire était pour lui un cauchemar absurde, où il ne pouvait se retrouver. Un soupçon lui venait bien; mais il l'écartait avec un frisson, car la mort était au bout; et il se refusait à croire qu'un ami lui jouât une pareille farce, pour arranger les choses. D'ailleurs, la jambe de Laguitte le rassurait un peu. Il le piquerait à l'épaule, et tout serait dit.

Pendant près de deux minutes, les épées se froissèrent avec leur petit bruit d'acier. Puis, le capitaine fit un dégagé et voulut se fendre. Mais le major, retrouvant son poignet d'autrefois, eut une terrible parade de quinte; et, s'il avait riposté, le capitaine était percé de part en part. Celui-ci se hâta de rompre, livide, se sentant à la merci de cet homme, qui venait de lui faire grâce cette fois. Il comprenait enfin, c'était bien une exécution.

Pourtant Laguitte, carrément posé sur ses mauvaises jambes, devenu de pierre, attendait. Les deux adversaires se regardaient fixement. Dans les yeux troubles de Burle, parut une supplication, une prière de grâce; il savait pourquoi il allait mourir, et, comme un enfant, il jurait de ne plus recommencer. Mais les yeux du major restaient implacables ; l'honneur parlait, il étranglait son attendrissement de brave homme.

— Finissons ! murmura-t-il entre ses dents.

Cette fois, ce fut lui qui attaqua. Il y eut un éclair. Son épée flamba en passant de droite à gauche, revint, et alla se planter par un coup droit foudroyant dans la poitrine du capitaine, qui tomba comme une masse, sans même pousser un cri.

Laguitte avait lâché l'épée, tout en regardant sa pauvre vieille vache de Burle étendu sur le dos, avec son gros ventre en l'air. Il répétait, furieux et cassé d'émotion :

— Nom de Dieu de nom de Dieu !

On l'emmena. Ses deux jambes étaient prises ses témoins durent le soutenir à droite et à gauche, car il ne pouvait même plus se servir de sa canne.

Deux mois plus tard, l'ancien major se traînait au soleil, dans une rue déserte de Vauchamp, lorsqu'il se trouva de nouveau face à face avec madame Burle et le petit Charles. Tous les deux étaient en grand deuil. Il voulut les éviter, mais i marchait mal, et ils arrivaient droit sur lui, sans ralentir ni presser le pas. Charles avait toujours son doux visage effrayé de fille. Madame Burle gardait sa haute mine rigide, plus dure et plus creusée.

Comme Laguitte se rentrait dans l'angle d'une porte cochère, pour leur abandonner toute la rue, elle s'arrêta brusquement devant lui, elle tendit la main. Il hésita, il finit par la prendre et la serrer; mais il tremblait tellement, qu'il secouait le bras de la vieille dame. Il y eut un silence, un échange muet de regards.

— Charles, dit enfin la grand'mère, donne la main au major.

L'enfant obéit, sans comprendre. Le major était devenu très pâle. A peine osa-t-il effleurer les doigts délicats du petit. Puis, comprenant qu'il devait dire quelque chose, il ne trouva que cette phrase :

— C'est toujours à Saint-Cyr que vous comptez le mettre?

— Sans doute, quand il aura l'âge, répondit madame Burle.

La semaine suivante, Charles fut emporté par une fièvre typhoïde. Un soir, sa grand'mère lui avait relu le combat du *Vengeur*, pour l'aguerrir; et le délire l'avait pris dans la nuit. Il était mort de peur.

COMMENT ON MEURT

COMMENT ON MEURT

I

Le comte de Verteuil a cinquante-cinq ans. Il appartient à une des plus illustres familles de France, et possède une grande fortune. Boudant le Gouvernement, il s'est occupé comme il a pu, a donné des articles aux revues sérieuses, qui l'ont fait entrer à l'Académie des sciences morales et politiques, s'est jeté dans les affaires, s'est passionné successivement pour l'agriculture, l'élevage, les beaux-arts. Même, un instant, il a été député, et s'est distingué par la violence de son opposition.

La comtesse Mathilde de Verteuil a quarante-six ans. Elle est encore citée comme la blonde la plus adorable de Paris. L'âge semble blanchir sa peau. Elle était un peu maigre; maintenant, ses épaules, en mûrissant, ont pris la rondeur d'un fruit soyeux. Jamais elle n'a été plus belle. Quand elle entre dans un salon, avec ses cheveux d'or et le satin de sa gorge, elle paraît être un astre à son lever; et les femmes de vingt ans la jalousent.

Le ménage du comte et de la comtesse est un de ceux dont on ne dit rien. Ils se sont épousés comme on s'épouse le plus souvent dans leur monde. Même on assure qu'ils ont vécu six ans très bien ensemble. A cette époque, ils ont eu un fils, Roger, qui est lieutenant, et une fille, Blanche, qu'ils ont mariée l'année dernière à M. de Bussac, maître des requêtes. Ils se rallient dans leurs enfants. Depuis des années qu'ils ont rompu, ils restent bons amis, avec un grand fond d'égoïsme. Ils se consultent, sont parfaits l'un pour l'autre devant le monde, mais s'enferment ensuite dans leurs appartements, où ils reçoivent des intimes à leur guise.

Cependant, une nuit, Mathilde rentre d'un bal vers deux heures du matin. Sa femme de chambre la déshabille; puis, au moment de se retirer, elle dit :

— Monsieur le comte s'est trouvé un peu indisposé ce soir.

La comtesse, à demi endormie, tourne paresseusement la tête.

— Ah! murmure-t-elle.

Elle s'allonge, elle ajoute :

— Réveillez-moi demain à dix heures, j'attends la modiste.

Le lendemain, au déjeuner, comme le comte ne paraît pas, la comtesse fait d'abord demander de ses nouvelles; ensuite, elle se décide à monter auprès de lui. Elle le trouve très pâle dans son lit, très correct. Trois médecins sont déjà venus, ont causé à voix basse et laissé des ordonnances; ils doivent revenir le soir. Le malade est soigné par deux domestiques, qui s'agitent graves et muets, étouffant le bruit de leurs talons sur les tapis. La grande chambre sommeille, dans une sévérité froide; pas un linge ne traîne, pas un meuble n'est dérangé. C'est la maladie propre et digne, la maladie cérémonieuse, qui attend des visites.

— Vous souffrez donc, mon ami? demande la comtesse en entrant.

Le comte fait un effort pour sourire.

— Oh! un peu de fatigue, répond-il. Je n'ai besoin que de repos... Je vous remercie de vous être dérangée.

Deux jours se passent. La chambre reste digne;

chaque objet est à sa place, les potions disparaissent sans tacher un meuble. Les faces rasées des domestiques ne se permettent même pas d'exprimer un sentiment d'ennui. Cependant, le comte sait qu'il est en danger de mort ; il a exigé la vérité des médecins, et il les laisse agir, sans une plainte. Le plus souvent, il demeure les yeux fermés, ou bien il regarde fixement devant lui, comme s'il réfléchissait à sa solitude.

Dans le monde, la comtesse dit que son mari est souffrant. Elle n'a rien changé à son existence, mange et dort, se promène à ses heures. Chaque matin et chaque soir, elle vient elle-même demander au comte comment il se porte.

— Eh bien? allez-vous mieux, mon ami?

— Mais oui, beaucoup mieux, je vous remercie, ma chère Mathilde.

— Si vous le désiriez, je resterais près de vous.

— Non, c'est inutile. Julien et François suffisent... A quoi bon vous fatiguer?

Entre eux, ils se comprennent, ils ont vécu séparés et tiennent à mourir séparés. Le comte a cette jouissance amère de l'égoïste, désireux de s'en aller seul, sans avoir autour de sa couche l'ennui des comédies de la douleur. Il abrège le plus possible, pour lui et pour la comtesse, le désagrément du suprême tête-à-tête. Sa volonté dernière est de disparaître proprement, en homme du monde qui entend ne déranger et ne répugner personne.

Pourtant, un soir, il n'a plus que le souffle, il sait qu'il ne passera pas la nuit. Alors, quand la comtesse monte faire sa visite accoutumée, il lui dit en trouvant un dernier sourire :

— Ne sortez pas... Je ne me sens pas bien.

Il veut lui éviter les propos du monde. Elle, de son côté, attendait cet avis. Et elle s'installe dans la chambre. Les médecins ne quittent plus l'agonisant. Les deux domestiques achèvent leur service, avec le même empressement silencieux. On a envoyé chercher les enfants, Roger et Blanche, qui se tiennent près du lit, à côté de leur mère. D'autres parents occupent une pièce voisine. La nuit se passe de la sorte, dans une attente grave. Au matin, les derniers sacrements sont apportés, le comte communie devant tous, pour donner un dernier appui à la religion. Le cérémonial est rempli, il peut mourir.

Mais il ne se hâte point, semble retrouver des forces, afin d'éviter une mort convulsée et bruyante. Son souffle, dans la vaste pièce sévère, émet seulement le bruit cassé d'une horloge qui se détraque. C'est un homme bien élevé qui s'en va.

Et, lorsqu'il a embrassé sa femme et ses enfants, il les repousse d'un geste, il retombe du côté de la muraille, et meurt seul.

Alors, un des médecins se penche, ferme les yeux du mort. Puis, il dit à demi voix :

— C'est fini.

Des soupirs et des larmes montent dans le silence. La comtesse, Roger et Blanche se sont agenouillés. Ils pleurent entre leurs mains jointes; on ne voit pas leurs visages. Puis, les deux enfants emmènent leur mère, qui, à la porte, voulant marquer son désespoir, balance sa taille dans un dernier sanglot. Et, dès ce moment, le mort appartient à la pompe de ses obsèques.

Les médecins s'en sont allés, en arrondissant le dos et en prenant une figure vaguement désolée. On a fait demander un prêtre à la paroisse, pour veiller le corps. Les deux domestiques restent avec ce prêtre, assis sur des chaises, raides et dignes; c'est la fin attendue de leur service. L'un d'eux aperçoit une cuiller oubliée sur un meuble; il se lève et la glisse vivement dans sa poche, pour que le bel ordre de la chambre ne soit pas troublé.

On entend au-dessous, dans le grand salon, un bruit de marteaux : ce sont les tapissiers qui disposent cette pièce en chapelle ardente. Toute la journée est prise par l'embaumement; les portes sont fermées, l'embaumeur est seul avec ses aides. Lorsqu'on descend le comte, le lendemain, et qu'on l'expose, il est en habit, il a une fraîcheur de jeunesse.

Dès neuf heures, le matin des obsèques, l'hôtel s'emplit d'un murmure de voix. Le fils et le gendre du défunt, dans un salon du rez-de-chaussée, reçoivent la cohue; ils s'inclinent, ils gardent une politesse muette de gens affligés. Toutes les illustrations sont là, la noblesse, l'armée, la magistrature; il y a jusqu'à des sénateurs et des membres de l'Institut.

A dix heures enfin, le convoi se met en marche pour se rendre à l'église. Le corbillard est une voiture de première classe, empanachée de plumes, drapée de tentures à franges d'argent. Les cordons du poêle sont tenus par un maréchal de France, un duc vieil ami du défunt, un ancien ministre et un académicien. Roger de Verteuil et M. de Bussac conduisent le deuil. Ensuite, vient le cortège, un flot de monde ganté et cravaté de noir, tous des personnages importants qui soufflent dans la poussière et marchent avec le piétinement sourd d'un troupeau débandé.

Le quartier ameuté est aux fenêtres; des gens

font la haie sur les trottoirs, se découvrent et regardent passer avec des hochements de tête le corbillard triomphal. La circulation est interrompue par la file interminable des voitures de deuil, presque toutes vides; les omnibus, les fiacres, s'amassent dans les carrefours; on entend les jurons des cochers et les claquements des fouets. Et, pendant ce temps, la comtesse de Verteuil, restée chez elle, s'est enfermée dans son appartement, en faisant dire que les larmes l'ont brisée. Étendue sur une chaise longue, jouant avec le gland de sa ceinture, elle regarde le plafond, soulagée et rêveuse.

A l'église, la cérémonie dure près de deux heures. Tout le clergé est en l'air; depuis le matin, on ne voit que des prêtres affairés courir en surplis, donner des ordres, s'éponger le front et se moucher avec des bruits retentissants. Au milieu de la nef tendue de noir, un catafalque flamboie. Enfin, le cortège s'est casé, les femmes à gauche, les hommes à droite; et les orgues roulent leurs lamentations, les chantres gémissent sourdement, les enfants de chœur ont des sanglots aigus; tandis que, dans des torchères, brûlent de hautes flammes vertes, qui ajoutent leur pâleur funèbre à la pompe de la cérémonie.

— Est-ce que Faure ne doit pas chanter? demande un député à son voisin.

— Oui, je crois, répond le voisin, un ancien préfet, homme superbe qui sourit de loin aux dames.

Et, lorsque la voix du chanteur s'élève dans la nef frissonnante :

— Hein! quelle méthode, quelle ampleur! reprend-il à demi voix, en balançant la tête de ravissement.

Toute l'assistance est séduite. Les dames, un vague sourire aux lèvres, songent à leurs soirées de l'Opéra. Ce Faure a vraiment du talent! Un ami du défunt va jusqu'à dire :

— Jamais il n'a mieux chanté!... C'est fâcheux que ce pauvre Verteuil ne puisse l'entendre, lui qui l'aimait tant!

Les chantres, en chapes noires, se promènent autour du catafalque. Les prêtres, au nombre d'une vingtaine, compliquent le cérémonial, saluent, reprennent des phrases latines, agitent des goupillons. Enfin, les assistants eux-mêmes défilent devant le cercueil, les goupillons circulent. Et l'on sort, après les poignées de mains à la famille. Dehors, le plein jour aveugle la cohue.

C'est une belle journée de juin. Dans l'air chaud,

des fils légers volent. Alors, devant l'église, sur la petite place, il y a des bousculades. Le cortège est long à se réorganiser. Ceux qui ne veulent pas aller plus loin, disparaissent. A deux cents mètres, au bout d'une rue, on aperçoit déjà les plumets du corbillard qui se balancent et se perdent, lorsque la place est encore tout encombrée de voitures. On entend les claquements des portières et le trot brusque des chevaux sur le pavé. Pourtant, les cochers prennent la file, le convoi se dirige vers le cimetière.

Dans les voitures, on est à l'aise, on peut croire qu'on se rend au Bois lentement, au milieu de Paris printanier. Comme on n'aperçoit plus le corbillard, on oublie vite l'enterrement; et des conversations s'engagent, les dames parlent de la saison d'été, les hommes causent de leurs affaires.

— Dites donc, ma chère, allez-vous encore à Dieppe, cette année?

— Oui, peut-être. Mais ce ne serait jamais qu'en août... Nous partons samedi pour notre propriété de la Loire.

— Alors, mon cher, il a surpris la lettre, et ils se sont battus, oh! très gentiment, une simple égratignure... Le soir, j'ai dîné avec lui au cercle. Il m'a même gagné vingt-cinq louis.

— N'est-ce pas ? la réunion des actionnaires est pour après-demain... On veut me nommer du comité. Je suis si occupé, je ne sais si je pourrai.

Le cortége, depuis un instant, suit une avenue. Une ombre fraîche tombe des arbres, et les gaietés du soleil chantent dans les verdures. Tout d'un coup, une dame étourdie, qui se penche à une portière, laisse échapper :

— Tiens ! c'est charmant par ici !

Justement, le convoi entre dans le cimetière Montparnasse. Les voix se taisent, on n'entend plus que le grincement des roues sur le sable des allées. Il faut aller tout au bout, la sépulture des Verteuil est au fond, à gauche : un grand tombeau de marbre blanc, une sorte de chapelle, très ornée de sculptures. On pose le cercueil devant la porte de cette chapelle, et les discours commencent.

Il y en a quatre. L'ancien ministre retrace la vie politique du défunt, qu'il présente comme un génie modeste, qui aurait sauvé la France, s'il n'avait pas méprisé l'intrigue. Ensuite, un ami parle des vertus privées de celui que tout le monde pleure. Puis, un monsieur inconnu prend la parole comme délégué d'une Société industrielle, dont le comte de Verteuil était président honoraire. Enfin, un petit homme à mine grise dit les regrets de l'Académie des sciences morales et politiques.

Pendant ce temps, les assistants s'intéressent aux tombes voisines, lisent des inscriptions sur les plaques de marbre. Ceux qui tendent l'oreille, attrapent seulement des mots. Un vieillard, aux lèvres pincées, après avoir saisi ce bout de phrase : « ... les qualités du cœur, la générosité et la bonté des grands caractères... » hoche le menton, en murmurant :

— Ah bien ! oui, je l'ai connu, c'était un chien fini !

Le dernier adieu s'envole dans l'air. Quand les prêtres ont béni le corps, le monde se retire, et il n'y a plus, dans ce coin écarté, que les fossoyeurs qui descendent le cercueil. Les cordes ont un frottement sourd, la bière de chêne craque. Monsieur le comte de Verteuil est chez lui.

Et la comtesse, sur sa chaise longue, n'a pas bougé. Elle joue toujours avec le gland de sa ceinture, les yeux au plafond, perdue dans une rêverie, qui, peu à peu, fait monter une rougeur à ses joues de belle blonde.

II

Madame Guérard est veuve. Son mari, qu'elle a perdu depuis huit ans, était magistrat. Elle appartient à la haute bourgeoisie et possède une fortune de deux millions. Elle a trois enfants, trois fils, qui, à la mort de leur père, ont hérité chacun de cinq cent mille francs. Mais ces fils, dans cette famille sévère, froide et guindée, ont poussé comme des rejetons sauvages, avec des appétits et des fêlures venus on ne sait d'où. En quelques années, ils ont mangé leurs cinq cent mille francs. L'aîné, Charles, s'est passionné pour la mécanique et a gâché un argent fou en inventions extraordinaires. Le second, Georges, s'est laissé dévorer par les femmes. Le troisième, Maurice, a été volé par un ami, avec lequel il a entrepris de bâtir un théâtre. Aujourd'hui, les trois fils sont à la charge de la mère, qui veut bien les nourrir et les loger, mais qui garde sur elle par prudence les clefs des armoires.

Tout ce monde habite un vaste appartement de la rue de Turenne, au Marais. Madame Guérard a soixante-huit ans. Avec l'âge, les manies sont venues. Elle exige, chez elle, une tranquillité et une propreté de cloître. Elle est avare, compte les morceaux de sucre, serre elle-même les bouteilles entamées, donne le linge et la vaisselle au fur et à mesure des besoins du service. Ses fils sans doute l'aiment beaucoup, et elle a gardé sur eux, malgré leurs trente ans et leurs sottises, une autorité absolue. Mais, quand elle se voit seule au milieu de ces trois grands diables, elle a des inquiétudes sourdes, elle craint toujours des demandes d'argent, qu'elle ne saurait comment repousser. Aussi a-t-elle eu soin de mettre sa fortune en propriétés foncières : elle possède trois maisons dans Paris et des terrains du côté de Vincennes. Ces propriétés lui donnent le plus grand mal ; seulement, elle est tranquille, elle trouve des excuses pour ne pas donner de grosses sommes à la fois.

Charles, Georges et Maurice, d'ailleurs, grugent la maison le plus qu'ils peuvent. Ils campent là, se disputant les morceaux, se reprochant mutuellement leur grosse faim. La mort de leur mère les enrichira de nouveau ; ils le savent, et le prétexte leur semble suffisant pour attendre sans rien faire. Bien qu'ils n'en causent jamais, leur continuelle préoccupation est de savoir comment le partage aura lieu ; s'ils ne s'entendent pas, il faudra vendre, ce qui est toujours une opération ruineuse. Et ils songent à ces choses sans aucun mauvais désir, uniquement parce qu'il faut tout prévoir. Ils sont gais, bons enfants, d'une honnêteté moyenne ; comme tout le monde, ils souhaitent que leur mère vive le plus longtemps possible. Elle ne les gêne pas. Ils attendent, voilà tout.

Un soir, en sortant de table, madame Guérard est prise d'un malaise. Ses fils la forcent de se coucher, et ils la laissent avec sa femme de chambre, lorsqu'elle leur assure qu'elle est mieux, qu'elle a seulement une grosse migraine. Mais, le lendemain, l'état de la vieille dame a empiré, le médecin de la famille, inquiet, demande une consultation. Madame Guérard est en grand danger. Alors, pendant huit jours, un drame se joue autour du lit de la mourante.

Son premier soin, lorsqu'elle s'est vue clouée dans sa chambre par la maladie, a été de se faire donner toutes les clefs et de les cacher sous son oreiller. Elle veut, de son lit, gouverner encore, protéger ses armoires contre le gaspillage. Des luttes se livrent en elle, des doutes la déchirent. Elle ne se décide qu'après de longues hésitations. Ses trois fils sont là, et elle les étudie de ses yeux vagues, elle attend une bonne inspiration.

Un jour, c'est dans Georges qu'elle a confiance. Elle lui fait signe d'approcher, elle lui dit à demi-voix :

— Tiens, voilà la clef du buffet, prends le sucre... Tu refermeras bien et tu me rapporteras la clef.

Un autre jour, elle se défie de Georges, elle le suit du regard, dès qu'il bouge, comme si elle craignait de lui voir glisser les bibelots de la cheminée dans ses poches. Elle appelle Charles, lui confie une clef à son tour, en murmurant :

— La femme de chambre va aller avec toi. Tu la regarderas prendre des draps et tu refermeras toi-même.

Dans son agonie, c'est là son supplice : ne plus pouvoir veiller aux dépenses de la maison. Elle se souvient des folies de ses enfants, elle les sait paresseux, gros mangeurs, le crâne fêlé, les mains ouvertes. Depuis longtemps, elle n'a plus d'estime pour eux, qui n'ont réalisé aucun de ses rêves, qui blessent ses habitudes d'économie et de rigidité. L'affection seule surnage et pardonne. Au fond de ses yeux suppliants, on lit qu'elle leur demande en grâce d'attendre qu'elle ne soit plus là, avant de vider ses tiroirs et de se partager son bien. Ce partage, devant elle, serait une torture pour son avarice expirante.

Cependant, Charles, Georges et Maurice se montrent très bons. Ils s'entendent, de façon à ce qu'un d'eux soit toujours près de leur mère. Une sincère affection paraît dans leurs moindres soins. Mais, forcément, ils apportent avec eux les insouciances du dehors, l'odeur du cigare qu'ils ont fumé, la préoccupation des nouvelles qui courent la ville. Et l'égoïsme de la malade souffre de n'être pas tout pour ses enfants, à son heure dernière. Puis, lorsqu'elle s'affaiblit, ses méfiances mettent une gêne croissante entre les jeunes gens et elle. S'ils ne songeaient pas à la fortune dont ils vont hériter, elle leur donnerait la pensée de cet argent, par la manière dont elle le défend jusqu'au dernier souffle. Elle les regarde d'un air si aigu, avec des craintes si claires, qu'ils détournent la tête. Alors, elle croit qu'ils guettent son agonie; et, en vérité, ils y pensent, ils sont ramenés continuellement à cette idée, par l'interrogation muette de ses regards.

C'est elle qui fait pousser en eux la cupidité. Quand elle en surprend un rêveur, la face pâle, elle lui dit :

— Viens près de moi... A quoi réfléchis-tu ?

— A rien, mère.

Mais il a eu un sursaut. Elle hoche lentement la tête, elle ajoute :

— Je vous donne bien du souci, mes enfants. Allez, ne vous tourmentez pas, je ne serai bientôt plus là.

Ils l'entourent, ils lui jurent qu'ils l'aiment et qu'ils la sauveront. Elle répond que non, d'un signe entêté ; elle s'enfonce davantage dans sa défiance. C'est une agonie affreuse, empoisonnée par l'argent.

La maladie dure trois semaines. Il y a déjà eu cinq consultations, on a fait venir les plus grandes célébrités médicales. La femme de chambre aide les fils de madame à la soigner ; et, malgré les précautions, un peu de désordre s'est mis dans l'appartement. Tout espoir est perdu, le médecin annonce que, d'une heure à l'autre, la malade peut succomber.

Alors, un matin que ses fils la croient endormie, ils causent entre eux, près d'une fenêtre, d'une difficulté qui se présente. On est au 15 juillet, elle avait l'habitude de toucher elle-même les loyers de ses maisons, et ils sont fort embarrassés, ne sachant comment faire rentrer cet argent. Déjà, les concierges ont demandé des ordres. Dans l'état de faiblesse où elle est, ils ne peuvent lui parler d'affaires. Cependant, si une catastrophe arrivait, ils auraient besoin des loyers, pour parer à certains frais personnels.

— Mon Dieu ! dit Charles à demi voix, je vais, si vous le voulez, me présenter chez les locataires... Ils comprendront la situation, ils paieront.

Mais Georges et Maurice paraissent peu goûter ce moyen. Eux aussi, sont devenus défiants.

— Nous pourrions t'accompagner, dit le premier. Nous avons tous les trois des dépenses à faire.

— Eh bien ! je vous remettrai l'argent... Vous ne me croyez pas capable de me sauver avec, bien sûr !

— Non, mais il est bon que nous soyons ensemble. Ce sera plus régulier.

Et ils se regardent, avec des yeux où luisent déjà les colères et les rancunes du partage. La succession est ouverte, chacun veut s'assurer la part la plus large. Charles reprend brusquement, en continuant tout haut les réflexions que ses frères font tout bas :

— Écoutez, nous vendrons, ça vaudra mieux... Si nous nous querellons aujourd'hui, nous nous mangerons demain.

Mais un râle leur fait vivement tourner la tête. Leur mère s'est soulevée, blanche, les yeux hagards, le corps secoué d'un frisson. Elle a entendu, elle tend ses bras maigres, elle répète d'une voix épouvantée :

— Mes enfants... mes enfants...

Et une convulsion la rejette sur l'oreiller, elle meurt dans la pensée abominable que ses fils la volent.

Tous les trois, terrifiés, sont tombés à genoux devant le lit. Ils baisent les mains de la morte, ils lui ferment les yeux avec des sanglots. A ce moment, leur enfance leur revient au cœur, et ils ne sont plus que des orphelins. Mais cette mort affreuse reste au fond d'eux, comme un remords et comme une haine.

La toilette de la morte est faite par la femme de chambre. On envoie chercher une religieuse pour veiller le corps. Pendant ce temps, les trois fils sont en courses; ils vont déclarer le décès, commander les lettres de faire-part, régler la cérémonie funèbre. La nuit, ils se relaient et veillent chacun à son tour avec la religieuse. Dans la chambre, dont les rideaux sont tirés, la morte est restée étendue au milieu du lit, la tête roide, les mains croisées, un crucifix d'argent sur la poitrine. A côté d'elle, brûle un cierge. Un brin de buis trempe au bord d'un vase plein d'eau bénite. Et la veillée s'achève dans le frisson du matin. La religieuse demande du lait chaud, parce qu'elle n'est pas à son aise.

Une heure avant le convoi, l'escalier s'emplit de monde. La porte cochère est tendue de draperies noires, à frange d'argent. C'est là que le cercueil est exposé, comme au fond d'une étroite chapelle, entouré de cierges, recouvert de couronnes et de bouquets. Chaque personne qui entre prend un goupillon dans un bénitier, au pied de la bière, et asperge le corps. A onze heures, le convoi se met en marche. Les fils de la défunte conduisent le deuil. Derrière eux, on reconnaît des magistrats, quelques grands industriels, toute une bourgeoisie grave et importante, qui marche à pas comptés, avec des regards obliques sur les curieux arrêtés le long des trottoirs. Il y a, au bout du cortège, douze voitures de deuil. On les compte, on les remarque beaucoup dans le quartier.

Cependant, les assistants s'apitoyent sur Charles,

Georges et Maurice, en habit, gantés de noir, qui marchent derrière le cercueil, la tête basse, le visage rougi de larmes. Du reste, il n'y a qu'un cri : ils enterrent leur mère d'une façon très convenable. Le corbillard est de troisième classe, on calcule qu'ils en auront pour plusieurs milliers de francs. Un vieux notaire dit avec un fin sourire :

— Si madame Guérard avait payé elle-même son convoi, elle aurait économisé six voitures.

A l'église, la porte est tendue, les orgues jouent, l'absoute est donnée par le curé de la paroisse. Puis, quand les assistants ont défilé devant le corps, ils trouvent à l'entrée de la nef les trois fils rangés sur une seule file, placés là pour recevoir les poignées de main des assistants qui ne peuvent aller jusqu'au cimetière. Pendant dix minutes, ils ont le bras tendu, ils serrent des mains sans même reconnaître les gens, mordant leurs lèvres, rentrant leurs larmes. Et c'est un grand soulagement pour eux, lorsque l'église est vide et qu'ils reprennent leur marche lente derrière le corbillard.

Le caveau de famille des Guérard est au cimetière du Père-Lachaise. Beaucoup de personnes restent à pied, d'autres montent dans les voitures de deuil. Le cortège traverse la place de la Bastille et suit la rue de la Roquette. Des passants lèvent les yeux, se découvrent. C'est un convoi riche, que les ouvriers de ce quartier populeux regardent passer, en mangeant des saucisses dans des morceaux de pain fendus.

En arrivant au cimetière, le convoi tourne à gauche et se trouve tout de suite devant le tombeau : un petit monument, une chapelle gothique, qui porte sur son fronton ces mots gravés en noir : *Famille Guérard.* La porte en fonte découpée, grande ouverte, laisse apercevoir la table d'un autel, où des cierges brûlent. Autour du monument, d'autres constructions dans le même goût s'alignent et forment des rues; on dirait la devanture d'un marchand de meubles, avec des armoires, des commodes, des secrétaires, fraîchement terminés et rangés symétriquement à l'étalage. Les assistants sont distraits, occupés de cette architecture, cherchant un peu d'ombre sous les arbres de l'allée voisine. Une dame s'est éloignée pour admirer un rosier magnifique, un bouquet fleuri et odorant, qui a poussé sur une tombe.

Cependant, le cercueil a été descendu. Un prêtre dit les dernière prières, tandis que les fossoyeurs, en veste bleue, attendent à quelques pas. Les trois fils sanglotent, les yeux fixés sur le caveau béant, dont on a enlevé la dalle; c'est là, dans cette ombre fraîche, qu'ils viendront dormir à leur tour. Des amis les emmènent, quand les fossoyeurs s'approchent.

Et, deux jours plus tard, chez le notaire de leur mère, ils discutent, les dents serrées, les yeux secs, avec un emportement d'ennemis décidés à ne pas céder sur un centime. Leur intérêt serait d'attendre, de ne pas hâter la vente des propriétés. Mais ils se jettent leurs vérités à la face : Charles mangerait tout avec ses inventions; Georges doit avoir quelque fille qui le plume; Maurice est certainement encore dans une spéculation folle, où il engloutirait leurs capitaux. Vainement, le notaire essaye de leur faire conclure un arrangement à l'amiable. Ils se séparent, en menaçant de s'envoyer du papier timbré.

C'est la morte qui se réveille en eux, avec son avarice et ses terreurs d'être volée. Quand l'argent empoisonne la mort, il ne sort de la mort que de la colère. On se bat sur les cercueils.

III

M. Rousseau s'est marié à vingt ans avec une orpheline, Adèle Lemercier, qui en avait dix-huit. A eux deux, ils possédaient soixante-dix francs, le soir de leur entrée en ménage. Ils ont d'abord vendu du papier à lettre et des bâtons de cire à cacheter, sous une porte cochère. Puis, ils ont loué un trou, une boutique large comme la main, dans laquelle ils sont restés dix ans à élargir petit à petit leur commerce. Maintenant, ils possèdent un magasin de papeterie, rue de Clichy, qui vaut bien une cinquantaine de mille francs.

Adèle n'est pas d'une forte santé. Elle a toujours toussé un peu. L'air enfermé de la boutique, l'immobilité du comptoir, ne lui valent rien. Un médecin qu'ils ont consulté, lui a recommandé le repos et les promenades par les beaux temps. Mais ce sont là des ordonnances qu'on ne peut suivre, quand on veut vite amasser de petites rentes, pour les manger en paix. Adèle dit qu'elle se reposera, qu'elle se promènera plus tard, lorsqu'ils auront vendu et qu'ils se seront retirés en province.

M. Rousseau, lui, s'inquiète bien, les jours où il la voit pâle, avec des taches rouges sur les joues. Seulement, il a sa papeterie qui l'absorbe, il ne saurait être sans cesse derrière elle, à l'empêcher de commettre des imprudences. Pendant des semaines, il ne trouve pas une minute pour lui parler de sa santé. Puis, s'il vient à entendre sa petite toux sèche, il se fâche, il la force à mettre son châle et à faire un tour avec lui aux Champs-Élysées. Mais elle rentre plus fatiguée, toussant davantage; les tracas du commerce reprennent M. Rousseau; la maladie est de nouveau oubliée, jusqu'à une nouvelle crise. C'est ainsi dans le commerce : on y meurt, sans avoir le temps de se soigner.

Un jour, M. Rousseau prend le médecin à part et lui demande franchement si sa femme est en danger. Le médecin commence par dire qu'on doit compter sur la nature, qu'il a vu des gens beaucoup plus malades se tirer d'affaire. Puis, pressé de questions, il confesse que madame Rousseau est phthisique, même à un degré assez avancé. Le mari est devenu blême, en entendant cet aveu. Il aime Adèle, pour le long effort qu'ils ont fait ensemble, avant de manger du pain blanc tous les jours. Il n'a pas seulement en elle une femme, il a aussi un associé, dont il connaît l'activité et l'intelligence. S'il la perd, il sera frappé à la fois dans son affection et dans son commerce. Cependant, il lui faut du courage, il ne peut fermer sa boutique pour pleurer à son aise. Alors, il ne laisse rien voir, il tâche de ne pas effrayer Adèle en lui montrant des yeux rouges. Il reprend son train-train. Au bout d'un mois, quand il pense à ces choses tristes, il finit par se persuader que les médecins se trompent souvent. Sa femme n'a pas l'air plus malade. Et il en arrive à la voir mourir lentement, sans trop souffrir lui-même, distrait par ses occupations, s'attendant à une catastrophe, mais la reculant dans un avenir illimité.

Adèle répète parfois :

— Ah! quand nous serons à la campagne, tu verras comme je me porterai!... Mon Dieu! il n'y a plus que huit ans à attendre. Ça passera vite.

Et M. Rousseau ne songe pas qu'ils pourraient se retirer tout de suite, avec de plus petites économies. Adèle ne voudrait pas d'abord. Quand on s'est fixé un chiffre, on doit l'atteindre.

Pourtant, deux fois déjà, madame Rousseau a dû prendre le lit. Elle s'est relevée, est redescendue au comptoir. Les voisins disent : « Voilà une petite femme qui n'ira pas loin. » Et ils ne se trompent pas. Juste au moment de l'inventaire, elle reprend le lit une troisième fois. Le médecin vient le matin, cause avec elle, signe une ordonnance d'une main distraite. M. Rousseau, prévenu, sait que le fatal dénouement approche. Mais l'inventaire le tient en bas, dans la boutique, et c'est à peine s'il peut s'échapper cinq minutes, de temps à autre. Il monte, quand le médecin est là ; puis, il s'en va avec lui et reparaît un instant avant le déjeuner ; il se couche à onze heures, au fond d'un cabinet, où il a fait mettre un lit de sangles. C'est la bonne, Françoise, qui soigne la malade. Une terrible fille, cette Françoise, une auvergnate aux grosses mains brutales, d'une politesse et d'une propreté douteuses ! Elle bouscule la mourante, lui apporte ses potions d'un air maussade, fait un bruit intolérable en balayant la chambre, qu'elle laisse dans un grand désordre ; des fioles toutes poissées traînent sur la commode, les cuvettes ne sont jamais lavées, les torchons pendent aux dossiers des chaises ; on ne sait plus où mettre le pied, tant le carreau est encombré. Madame Rousseau, cependant, ne se plaint pas et se contente de donner des coups de poing contre le mur, lorsqu'elle appelle la bonne et que celle-ci ne veut pas répondre. Françoise n'a pas qu'à la soigner; il faut, en bas, qu'elle tienne la boutique propre, qu'elle fasse la cuisine pour le patron et les employés, sans compter les courses dans le quartier et les autres besognes imprévues. Aussi madame ne peut-elle exiger de l'avoir toujours auprès d'elle. On la soigne quand on a le temps.

D'ailleurs, même dans son lit, Adèle s'occupe de son commerce. Elle suit la vente, demande chaque soir comment ça marche. L'inventaire l'inquiète. Dès que son mari peut monter quelques minutes, elle ne lui parle jamais de sa santé, elle le questionne uniquement sur les bénéfices probables. C'est un grand chagrin pour elle d'apprendre que l'année est médiocre, quatorze cents francs de moins que l'année précédente. Quand la fièvre la brûle, elle se souvient encore sur l'oreiller des commandes de la dernière semaine, elle débrouille des comptes, elle dirige la maison. Et c'est elle qui renvoie son mari, s'il s'oublie dans la chambre. Ça ne la guérit pas qu'il soit là, et ça compromet les affaires. Elle est sûre que les commis regardent passer le monde, elle lui répète :

— Descends, mon ami, je n'ai besoin de rien, je t'assure. Et n'oublie pas de t'approvisionner de registres, parce que voilà la rentrée des classes, et que nous en manquerions.

Longtemps, elle s'abuse sur son véritable état. Elle espère toujours se lever le lendemain et reprendre sa place au comptoir. Elle fait même des projets : si elle peut sortir bientôt, ils iront passer un dimanche à Saint-Cloud. Jamais elle n'a eu un si gros désir de voir des arbres. Puis, tout d'un coup, un matin, elle devient grave. Dans la nuit, toute seule, les yeux ouverts, elle a compris qu'elle allait mourir. Elle ne dit rien jusqu'au soir, réfléchit, les regards au plafond. Et, le soir, elle retient son mari, elle cause tranquillement, comme si elle lui soumettait une facture.

— Écoute, dit-elle, tu iras chercher demain un notaire. Il y en a un près d'ici, rue Saint-Lazare.

— Pourquoi un notaire? s'écrie M. Rousseau, nous n'en sommes pas là, bien sûr!

Mais elle reprend de son air calme et raisonnable :

— Possible! Seulement, cela me tranquillisera,

de savoir nos affaires en ordre... Nous nous sommes mariés sous le régime de la communauté, quand nous ne possédions rien ni l'un ni l'autre. Aujourd'hui que nous avons gagné quelques sous, je ne veux pas que ma famille puisse venir te dépouiller... Ma sœur Agathe n'est pas si gentille pour que je lui laisse quelque chose. J'aimerais mieux tout emporter avec moi.

Et elle s'entête, il faut que son mari aille le lendemain chercher le notaire. Elle questionne ce dernier longuement, désirant que les précautions soient bien prises et qu'il n'y ait pas de contestations. Quand le testament est fait et que le notaire est parti, elle s'allonge, en murmurant :

— Maintenant, je mourrai contente... J'avais bien gagné d'aller à la campagne, je ne peux pas dire que je ne regrette pas la campagne. Mais tu iras, toi... Promets-moi de te retirer dans l'endroit que nous avions choisi, tu sais, le village où ta mère est née, près de Melun... Ça me fera plaisir.

M. Rousseau pleure à chaudes larmes. Elle le console, lui donne de bons conseils. S'il s'ennuie tout seul, il aura raison de se remarier ; seulement, il devra choisir une femme un peu âgée, parce que les jeunes filles qui épousent des veufs, épousent leur argent. Et elle lui indique une dame de leur connaissance, avec laquelle elle serait heureuse de le savoir.

Puis, la nuit même, elle a une agonie affreuse. Elle étouffe, demande de l'air. Françoise s'est endormie sur une chaise. M. Rousseau, debout au chevet du lit, ne peut que prendre la main de la mourante et la serrer, pour lui dire qu'il est là, qu'il ne la quitte pas. Le matin, tout d'un coup, elle éprouve un grand calme ; elle est très blanche, les yeux fermés, respirant lentement. Son mari croit pouvoir descendre avec Françoise, pour ouvrir la boutique. Quand il remonte, il trouve sa femme toujours très blanche, raidie dans la même attitude ; seulement, ses yeux se sont ouverts. Elle est morte.

Depuis trop longtemps, M. Rousseau s'attendait à la perdre. Il ne pleure pas, il est simplement écrasé de lassitude. Il redescend, regarde Françoise remettre les volets de la boutique ; et, lui-même, il écrit sur une feuille de papier : « *Fermé pour cause de décès* ; » puis, il colle cette feuille sur le volet du milieu, avec quatre pains à cacheter. En haut, toute la matinée est employée à nettoyer et à disposer la chambre. Françoise passe un torchon par terre, fait disparaître les fioles, met près de la morte un cierge allumé et une tasse d'eau bénite; car on attend la sœur d'Adèle, cette Agathe qui a une langue de serpent, et la bonne ne veut pas qu'on puisse l'accuser de mal tenir le ménage. M. Rousseau a envoyé un commis remplir les formalités nécessaires. Lui, se rend à l'église et discute longuement le tarif des convois. Ce n'est pas parce qu'il a du chagrin qu'on doit le voler. Il aimait bien sa femme, et, si elle peut encore le voir, il est certain qu'il lui fait plaisir, en marchandant les curés et les employés des pompes funèbres. Cependant, il veut, pour le quartier, que l'enterrement soit convenable. Enfin, il tombe d'accord, il donnera cent soixante francs à l'église et trois cents francs aux pompes funèbres. Il estime qu'avec les petits frais, il n'en sera pas quitte à moins de cinq cents francs.

Quand M. Rousseau rentre chez lui, il aperçoit Agathe, sa belle-sœur, installée près de la morte. Agathe est une grande personne sèche, aux yeux rouges, aux lèvres bleuâtres et minces. Depuis trois ans, le ménage était brouillé avec elle et ne la voyait plus. Elle se lève cérémonieusement, puis embrasse son beau-frère. Devant la mort, toutes les querelles finissent. M. Rousseau qui n'a pu pleurer, le matin, sanglote alors, en retrouvant sa pauvre femme blanche et raide, le nez pincé davantage, la face si diminuée, qu'il la reconnaît à peine. Agathe reste les yeux secs. Elle a pris le meilleur fauteuil, elle promène lentement ses regards dans la chambre, comme si elle dressait un inventaire minutieux des meubles qui la garnissent. Jusque-là, elle n'a pas soulevé la question des intérêts, mais il est visible qu'elle est très anxieuse et qu'elle doit se demander s'il existe un testament.

Le matin des obsèques, au moment de la mise en bière, il arrive que les pompes funèbres se sont trompées et ont envoyé un cercueil trop court. Les croque-morts doivent aller en chercher un autre. Cependant, le corbillard attend devant la porte, le quartier est en révolution. C'est là une nouvelle torture pour M. Rousseau. Si encore ça ressuscitait sa femme, de la garder si longtemps! Enfin, on descend la pauvre madame Rousseau, et le cercueil ne reste exposé que dix minutes en bas, sous la porte, tendue de noir. Une centaine de personnes attendent dans la rue, des commerçants du quartier, les locataires de la maison, les amis du ménage, quelques ouvriers en paletot. Le cortège part, M. Rousseau conduit le deuil.

Et, sur le passage du convoi, les voisines font

un signe de croix rapide, en parlant à voix basse. C'est la papetière, n'est-ce pas? cette petite femme si jaune, qui n'avait plus que la peau et les os. Ah bien! elle sera mieux dans la terre! Ce que c'est que de nous pourtant! des commerçants très à leur aise, qui travaillaient pour prendre du plaisir sur leurs vieux jours! Elle va en prendre maintenant, du plaisir, la papetière! Et les voisines trouvent M. Rousseau très bien, parce qu'il marche derrière le corbillard, tête nue, tout seul, pâle et ses rares cheveux envolés dans le vent.

En quarante minutes, à l'église, les prêtres bâclent la cérémonie. Agathe, qui s'est assise au premier rang, semble compter les cierges allumés. Sans doute, elle pense que son beau-frère aurait pu y mettre moins d'ostentation; car, enfin, s'il n'y a pas de testament et qu'elle hérite de la moitié de la fortune, elle devra payer sa part du convoi. Les prêtres disent une dernière oraison, le goupillon passe de main en main, et l'on sort. Presque tout le monde s'en va. On a fait avancer les trois voitures de deuil, dans lesquelles des dames sont montées. Derrière le corbillard, il ne reste que M. Rousseau, toujours tête nue, et une trentaine de personnes, les amis qui n'osent s'esquiver. Le corbillard est simplement orné d'une draperie noire à frange blanche. Les passants se découvrent et filent vite.

Comme M. Rousseau n'a pas de tombeau de famille, il a simplement pris une concession de cinq ans au cimetière Montmartre, en se promettant d'acheter plus tard une concession à perpétuité, et d'exhumer sa femme, pour l'installer définitivement chez elle.

Le corbillard s'arrête au bout d'une allée, et l'on porte à bras le cercueil parmi des tombes basses, jusqu'à une fosse, creusée dans la terre molle. Les assistants piétinent, silencieux. Puis, le prêtre se retire, après avoir mâché vingt paroles entre ses dents. De tous côtés s'étendent des petits jardins fermés de grilles, des sépultures garnies de giroflées et d'arbres verts; les pierres blanches, au milieu de ces verdures, semblent toutes neuves et toutes gaies. M. Rousseau est très frappé par la vue d'un monument, une colonne mince, surmontée de l'urne symbolique. Le matin, un marbrier est venu le tourmenter avec des plans. Et il songe que, lorsqu'il achètera une concession à perpétuité, il fera mettre, sur la tombe de sa femme, une colonne pareille, avec ce joli vase.

Cependant, Agathe l'emmène, et de retour à la boutique, elle se décide enfin à parler intérêts.

Quand elle apprend qu'il existe un testament, elle se lève toute droite, elle s'en va, en faisant claquer la porte. Jamais elle ne remettra les pieds dans cette baraque. M. Rousseau a toujours, par moments, un gros chagrin qui l'étrangle; mais ce qui le rend bête surtout, la tête perdue et les membres inquiets, c'est que le magasin soit fermé, un jour de semaine.

IV

Janvier a été dur. Pas de travail, pas de pain et pas de feu à la maison. Les Morisseau ont crevé la misère. La femme est blanchisseuse, le mari est maçon. Ils habitent aux Batignolles, rue Cardinet, dans une maison noire, qui empoisonne le quartier. Leur chambre, au cinquième, est si délabrée, que la pluie entre par les fentes du plafond. Encore ne se plaindraient-ils pas, si leur petit Charlot, un gamin de dix ans, n'avait besoin d'une bonne nourriture pour devenir un homme.

L'enfant est chétif, un rien le met sur le flanc. Lorsqu'il allait à l'école, s'il s'appliquait en voulant tout apprendre d'un coup, il revenait malade. Avec ça, très intelligent, un crapaud trop gentil, qui a une conversation au-dessus de son âge. Les jours où ils n'ont pas de pain à lui donner, les parents pleurent comme des bêtes. D'autant plus qu'ils les enfants meurent ainsi que des mouches du haut en bas de la maison, tant c'est malsain.

On casse la glace dans les rues. Même le père a pu se faire embaucher; il déblaie les ruisseaux à coups de pioche, et le soir il rapporte quarante sous. En attendant que la bâtisse reprenne, c'est toujours de quoi ne pas mourir de faim.

Mais, un jour, l'homme en rentrant trouve Charlot couché. La mère ne sait ce qu'il a. Elle l'avait envoyé à Courcelles, chez sa tante, qui est fripière, voir s'il ne trouverait pas une veste plus chaude que sa blouse de toile, dans laquelle il grelotte. Sa tante n'avait que de vieux paletots d'homme trop larges, et le petit est rentré tout frissonnant, l'air ivre, comme s'il avait bu. Maintenant, il est très rouge sur l'oreiller, il dit des bêtises, il croit qu'il joue aux billes et il chante des chansons.

La mère a pendu un lambeau de châle devant la fenêtre, pour boucher un carreau cassé; en haut, il ne reste que deux vitres libres, qui laissent pénétrer le gris livide du ciel. La misère a vidé la commode, tout le linge est au Mont-de-Piété. Un soir, on a vendu une table et deux chaises. Charlot couchait par terre; mais, depuis qu'il est malade,

9.

on lui a donné le lit, et encore y est-il très mal, car on a porté poignée à poignée la laine du matelas chez une brocanteuse, des demi-livres à la fois, pour quatre ou cinq sous. A cette heure, ce sont le père et la mère qui couchent dans un coin, sur une paillasse dont les chiens ne voudraient pas.

Cependant, tous deux regardent Charlot sauter dans le lit. Qu'a-t-il donc, ce mioche, à battre la campagne? Peut-être bien qu'une bête l'a mordu ou qu'on lui a fait boire quelque chose de mauvais. Une voisine, madame Bonnet, est entrée; et, après avoir flairé le petit, elle prétend que c'est un froid et chaud. Elle s'y connaît, elle a perdu son mari dans une maladie pareille.

La mère pleure en serrant Charlot entre ses bras. Le père sort comme un fou et court chercher un médecin. Il en ramène un, très grand, l'air pincé, qui écoute dans le dos de l'enfant, lui tape sur la poitrine, sans dire une parole. Puis, il faut que madame Bonnet aille prendre chez elle un crayon et du papier, pour qu'il puisse écrire son ordonnance. Quand il se retire, toujours muet, la mère l'interroge d'une voix étranglée.

— Qu'est-ce que c'est, monsieur?

— Une pleurésie, répond-il d'un ton bref, sans explication.

Puis, il demande à son tour :

— Êtes-vous inscrits au bureau de bienfaisance?

— Non, monsieur... Nous étions à notre aise, l'été dernier. C'est l'hiver qui nous a tués.

— Tant pis! tant pis!

Et il promet de revenir. Madame Bonnet prête vingt sous pour aller chez le pharmacien. Avec les quarante sous de Morisseau, on a acheté deux livres de bœuf, du charbon de terre et de la chandelle. Cette première nuit se passe bien. On entretient le feu. Le malade, comme endormi par la grosse chaleur, ne cause plus. Ses petites mains brûlent. En le voyant écrasé sous la fièvre, les parents se tranquillisent ; et, le lendemain, ils restent hébétés, repris d'épouvante, lorsque le médecin hoche la tête devant le lit, avec la grimace d'un homme qui n'a plus d'espoir.

Pendant cinq jours, aucun changement ne se produit. Charlot dort, assommé sur l'oreiller. Dans la chambre, la misère qui souffle plus fort, semble entrer avec le vent, par les trous de la toiture et de la fenêtre. Le deuxième soir, on a vendu la dernière chemise de la mère; le troisième, il a fallu retirer encore des poignées de laine, sous le malade, pour payer le pharmacien. Puis, tout a manqué, il n'y a plus rien eu.

Morisseau casse toujours la glace; seulement, ses quarante sous ne suffisent pas. Comme ce froid rigoureux peut tuer Charlot, il souhaite le dégel, tout en le redoutant. Quand il part au travail, il est heureux de voir les rues blanches; puis, il songe au petit qui agonise là-haut, et il demande ardemment un rayon de soleil, une tiédeur de printemps balayant la neige. S'ils étaient seulement inscrits au bureau de bienfaisance, ils auraient le médecin et les remèdes pour rien. La mère s'est présentée à la mairie, mais on lui a répondu que les demandes étaient trop nombreuses, qu'elle devait attendre. Pourtant, elle a obtenu quelques bons de pain; une dame charitable lui a donné cinq francs. Ensuite, la misère a recommencé.

Le cinquième jour, Morisseau apporte sa dernière pièce de quarante sous. Le dégel est venu, on l'a remercié. Alors, c'est la fin de tout : le poêle reste froid, le pain manque, on ne descend plus les ordonnances chez le pharmacien. Dans la chambre ruisselante d'humidité, le père et la mère grelottent, en face du petit qui râle. Madame Bonnet n'entre plus les voir, parce qu'elle est sensible et que ça lui fait trop de peine. Les gens de la maison passent vite devant leur porte. Par moments, la mère, prise d'une crise de larmes, se jette sur le lit, embrasse l'enfant, comme pour le soulager et le guérir. Le père, imbécile, reste des heures devant la fenêtre, soulevant le vieux châle, regardant le dégel ruisseler, l'eau tomber des toits, à grosses gouttes, et noircir la rue. Peut-être ça fait-il du bien à Charlot.

Un matin, le médecin déclare qu'il ne reviendra pas. L'enfant est perdu.

— C'est ce temps humide qui l'a achevé, dit-il.

Morisseau montre le poing au ciel. Tous les temps font donc crever le pauvre monde ! Il gelait, et cela ne valait rien ; il dégèle, et cela est pis encore. Si la femme voulait, ils allumeraient un boisseau de charbon, ils s'en iraient tous les trois ensemble. Ce serait plus vite fini.

Pourtant, la mère est retournée à la mairie ; on a promis de leur envoyer des secours, et ils attendent. Quelle affreuse journée ! Un froid noir tombe du plafond ; dans un coin, la pluie coule ; il faut mettre un seau, pour recevoir les gouttes. Depuis la veille, ils n'ont rien mangé, l'enfant a bu seulement une tasse de tisane, que la concierge a montée. Le père, assis devant la table, la tête dans les mains, demeure stupide, les oreilles bourdonnantes. A chaque bruit de pas, la mère court à la porte, croit que ce sont enfin les secours promis. Six heures sonnent, rien n'est venu. Le crépuscule est boueux, lent et sinistre comme une agonie.

Brusquement, dans la nuit qui augmente, Charlot balbutie des paroles entrecoupées :

— Maman... maman...

La mère s'approche, reçoit au visage un souffle fort. Et elle n'entend plus rien; elle distingue vaguement l'enfant, la tête renversée, le cou raidi. Elle crie, affolée, suppliante :

— De la lumière ! vite, de la lumière !... Mon Charlot, parle-moi !

Il n'y a plus de chandelle. Dans sa hâte, elle frotte des allumettes, les casse entre ses doigts. Puis, de ses mains tremblantes, elle tâte le visage de l'enfant.

— Ah ! mon Dieu ! il est mort !... Dis donc, Morisseau, il est mort !

Le père lève la tête, aveuglé par les ténèbres.

— Eh bien ! que veux-tu ? il est mort... Ça vaut mieux.

Aux sanglots de la mère, madame Bonnet s'est décidée à paraître avec sa lampe. Alors, comme les deux femmes arrangent proprement Charlot, on frappe : ce sont les secours qui arrivent, dix francs, des bons de pain et de viande. Morisseau rit d'un air imbécile, en disant qu'ils manquent toujours le train, au bureau de bienfaisance.

Et quel pauvre cadavre d'enfant, maigre, léger comme une plume ! On aurait couché sur le matelas un moineau tué par la neige et ramassé dans la rue, qu'il ne ferait pas un tas plus petit.

Pourtant, madame Bonnet, qui est redevenue très obligeante, explique que ça ne ressuscitera pas Charlot, de jeûner à côté de lui. Elle offre d'aller chercher du pain et de la viande, en ajoutant qu'elle rapportera aussi de la chandelle. Ils la laissent faire. Quand elle rentre, elle met la table, sert des saucisses toutes chaudes. Et les Morisseau, affamés, mangent gloutonnement près du mort, dont on aperçoit dans l'ombre la petite figure blanche. Le poêle ronfle, on est très bien. Par moments, les yeux de la mère se mouillent. De grosses larmes tombent sur son pain. Comme Charlot aurait chaud ! comme il mangerait volontiers de la saucisse !

Madame Bonnet veut veiller à toute force. Vers une heure, lorsque Morisseau a fini par s'endormir, la tête posée sur le pied du lit, les deux femmes font du café. Une autre voisine, une couturière de dix-huit ans, est invitée ; et elle apporte un fond de bouteille d'eau-de-vie, pour payer quelque chose. Alors, les trois femmes boivent leur café à petits coups, en parlant tout bas, en se contant des histoires de morts extraordinaires; peu à peu, leurs voix s'élèvent, leurs cancans s'élargissent, elles causent de la maison, du quartier, d'un crime qu'on a commis rue Nollet. Et, parfois, la mère se lève, vient regarder Charlot, comme pour s'assurer qu'il n'a pas remué.

La déclaration n'ayant pas été faite le soir, il leur faut garder le petit le lendemain, toute la journée. Ils n'ont qu'une chambre, ils vivent avec Charlot, mangent et dorment avec lui. Par instants, ils l'oublient; puis, quand ils le retrouvent, c'est comme s'ils le perdaient une fois encore.

Enfin, le surlendemain, on apporte la bière, pas plus grande qu'une boite à joujoux, quatre planches mal rabotées, fournies gratuitement par l'administration, sur le certificat d'indigence. Et, en route! on se rend à l'église en courant. Derrière Charlot, il y a le père avec deux camarades rencontrés en chemin, puis la mère, madame Bonnet et l'autre voisine, la couturière. Ce monde patauge dans la crotte jusqu'à mi-jambe. Il ne pleut pas, mais le brouillard est si mouillé, qu'il trempe les vêtements. A l'église, on expédie la cérémonie. Et la course reprend sur le pavé gras.

Le cimetière est au diable, en dehors des fortifications. On descend l'avenue de Saint-Ouen, on passe la barrière, enfin on arrive. C'est un vaste enclos, un terrain vague, fermé de murailles blanches. Des herbes y poussent, la terre remuée fait des bosses, tandis qu'au fond il y a une rangée d'arbres maigres, salissant le ciel de leurs branches noires.

Lentement, le convoi avance dans la terre molle. Maintenant, il pleut; et il faut attendre sous l'averse un vieux prêtre, qui se décide à sortir d'une petite chapelle. Charlot va dormir au fond de la fosse commune. Le champ est semé de croix renversées par le vent, de couronnes pourries par la pluie, un champ de misère et de deuil, dévasté, piétiné, suant cet encombrement de cadavres qu'entassent la faim et le froid des faubourgs.

C'est fini. La terre coule, Charlot est au fond du trou, et les parents s'en vont, sans avoir pu s'agenouiller, dans la boue liquide où ils enfoncent. Dehors, comme il pleut toujours, Morisseau, qui a encore trois francs sur les dix francs du bureau de bienfaisance, invite les camarades et les voisines à prendre quelque chose, chez un marchand de vin. On s'attable, on boit deux litres, on mange un morceau de fromage de Brie. Puis, les camarades, à leur tour, paient deux autres litres. Quand la société rentre dans Paris, elle est très gaie.

V

Jean-Louis Lacour a soixante-dix ans. Il est né à la Courteille, un hameau de cent cinquante habitants, perdu dans un pays de loups. En sa vie, il est allé une seule fois à Angers, qui se trouve à quinze lieues; mais il était si jeune, qu'il ne se souvient plus. Il a eu trois enfants, deux fils, Antoine et Joseph, et une fille, Catherine. Celle-ci s'est mariée; puis, son mari est mort, et elle est revenue chez son père, avec un petit de douze ans, Jacquinet. La famille vit sur cinq ou six arpents, juste assez de terre pour manger du pain et ne pas aller tout nu. Quand ils boivent un verre de vin, ils l'ont sué.

La Courteille est au fond d'un vallon, avec des bois de tous les côtés, qui l'enferment et la cachent. Il n'y a pas d'église, la commune est trop pauvre.

C'est le curé des Cormiers qui vient dire la messe; et, comme on compte deux bonnes lieues de chemin, il ne vient que tous les quinze jours. Les maisons, une vingtaine de masures branlantes, sont jetées le long de la grand'route. Des poules grattent le fumier devant les portes. Lorsqu'un étranger passe, les femmes allongent la tête, tandis que les enfants, en train de se vautrer au soleil, se sauvent au milieu des bandes d'oies effarées.

Jamais Jean-Louis n'a été malade. Il est grand et noueux comme un chêne. Le soleil l'a séché, a cuit et fendu sa peau; et il a pris la couleur, la rudesse et le calme des arbres. En vieillissant, il a perdu sa langue. Il ne parle plus, trouvant ça inutile. D'un pas long et entêté, il marche, avec la force paisible des bœufs.

L'année dernière, il était encore plus vigoureux que ses fils, il réservait pour lui les grosses besognes, silencieux dans son champ, qui semblait le connaître et trembler. Mais, un jour, voici deux mois, ses membres ont craqué tout d'un coup; et il est resté deux heures en travers d'un sillon, ainsi qu'un tronc abattu. Le lendemain, il a voulu se remettre au travail; seulement, ses bras s'en étaient allés, la terre ne lui obéissait plus. Ses fils hochent la tête. Sa fille tâche de le retenir à la maison. Il s'obstine, et on le fait accompagner par Jacquinet, pour que l'enfant crie, si le grand-père tombe.

— Que fais-tu là, paresseux? demande Jean-Louis au gamin, qui ne le quitte pas. A ton âge, je gagnais mon pain.

— Grand-père, je vous garde, répond l'enfant.

Ce mot donne une secousse au vieillard. Il n'ajoute rien. Le soir, il se couche et ne se relève plus. Quand les fils et la fille vont aux champs, le lendemain, ils entrent voir le père, qu'ils n'entendent pas remuer. Ils le trouvent étendu sur son lit, les yeux ouverts, avec un air de réfléchir. Il a la peau si dure et si tannée, qu'on ne peut pas savoir seulement la couleur de sa maladie.

— Eh bien? père, ça ne va donc pas?

Il grogne, il dit non de la tête.

— Alors, vous ne venez pas, nous partons sans vous?

Oui, il leur fait signe de partir sans lui. On a commencé la moisson, tous les bras sont nécessaires. Peut-être bien que, si l'on perdait une matinée, un orage brusque emporterait les gerbes. Jacquinet lui-même suit sa mère et ses oncles. Le père Lacour reste seul. Le soir, quand les enfants reviennent, il est à la même place, toujours sur le dos, les yeux ouverts, avec son air de réfléchir.

— Alors, père, ça ne va pas mieux?

Non, ça ne va pas mieux. Il grogne, il branle la tête. Qu'est-ce qu'on pourrait bien lui faire? Catherine a l'idée de mettre bouillir du vin avec des herbes; mais c'est trop fort, ça manque de le tuer. Joseph dit qu'on verra le lendemain, et tout le monde se couche.

Le lendemain, avant de partir pour la moisson, les fils et la fille restent un instant debout devant le lit. Décidément, le vieux est malade. Jamais il n'a vécu comme ça sur le dos. On devrait peut-être bien tout de même faire venir le médecin. L'ennui, c'est qu'il faut aller à Rougemont; six lieues pour aller, six lieues pour revenir, ça fait douze. On perdra tout un jour. Le vieux, qui écoute les enfants, s'agite et semble se fâcher. Il n'a pas besoin de médecin, ça ne sert à rien et ça coûte.

— Vous ne voulez pas? demande Antoine. Alors, nous partons travailler?

Sans doute, qu'ils partent travailler. Ils ne le soulageraient pas bien sûr, en restant là. La terre a plus besoin d'être soignée que lui. Et trois jours se passent, les enfants vont chaque matin aux champs, Jean-Louis ne bouge point, tout seul, buvant à une cruche quand il a soif. Il est comme un de ces vieux chevaux qui tombent de fatigue dans un coin, et qu'on laisse mourir. Il a travaillé soixante ans, il peut bien s'en aller, puisqu'il n'est plus bon à rien, qu'à tenir de la place et à gêner le monde.

Les enfants eux-mêmes n'ont pas une grande douleur. La terre les a résignés à ces choses; ils sont trop près d'elle, pour lui en vouloir de reprendre le vieux. Un coup d'œil le matin, un coup d'œil le soir, ils ne peuvent pas faire davantage. Si le père s'en relevait tout de même, ça prouverait qu'il est rudement bâti. S'il meurt, c'est qu'il avait la mort dans le corps; et tout le monde sait que, lorsqu'on a la mort dans le corps, rien ne l'en déloge, pas plus les signes de croix que les médicaments. Une vache encore, ça se soigne.

Jean-Louis, le soir, interroge d'un regard les enfants sur la moisson. Quand il les entend compter les gerbes, se féliciter du beau temps qui favorise la besogne, il a une joie dans les yeux. Une fois encore, on parle d'aller chercher le médecin; mais le vieux s'emporte, et l'on craint de le tuer plus vite, si on le contrarie. Il fait seulement demander le garde champêtre, un ancien camarade. Le père Nicolas est son aîné, car il a eu soixante-quinze ans à la Chandeleur. Lui, reste droit comme un peuplier. Il vient et s'asseoit près de Jean-Louis, d'un air sérieux. Jean-Louis qui ne peut plus parler, le regarde de ses petits yeux pâlis. Le père Nicolas le regarde aussi, n'ayant rien à lui dire. Et ces deux vieillards restent face à face pendant une heure, sans prononcer une parole, heureux de se voir, se rappelant sans doute des choses, bien loin, dans leurs jours d'autrefois. C'est ce soir-là que les enfants, au retour de la moisson, trouvent Jean-Louis mort, étendu sur le dos, raide et les yeux en l'air.

Oui, le vieux est mort, sans remuer un membre. Il a soufflé son dernier souffle droit devant lui, une haleine de plus dans la vaste campagne. Comme les bêtes qui se cachent et se résignent, il n'a pas même dérangé un voisin, il a fait sa petite affaire tout seul.

— Le père est mort, dit Joseph, en appelant les autres.

Et tous, Antoine, Catherine, Jacquinet, répètent :

— Le père est mort.

Ça ne les étonne pas. Jacquinet allonge curieusement le cou, la femme tire son mouchoir, les deux garçons marchent sans rien dire, la face grave et blêmie sous le hâle. Il a tout de même joliment duré, il était solide, le vieux père! Cette idée console les enfants, ils sont fiers de la solidité de la famille.

La nuit, on veille le père jusqu'à onze heures, puis tout le monde cède au sommeil; et Jean-Louis dort seul encore, avec son visage fermé qui semble toujours réfléchir.

Dès le petit jour, Joseph part pour les Cormiers, afin d'avertir le curé. Cependant, comme il y a encore des gerbes à rentrer, Antoine et Catherine s'en vont tout de même aux champs le matin, en laissant le corps à la garde de Jacquinet. Le petit s'ennuie avec le vieux, qui ne remue seulement pas, et il sort par moments sur la route, lance des pierres aux moineaux, regarde un colporteur étalant des foulards devant deux voisines; puis, quand il se souvient du grand-père, il rentre vite, s'assure qu'il n'a point bougé, et s'échappe de nouveau pour voir deux chiens se battre.

Comme la porte reste ouverte, les poules entrent, se promènent tranquillement, en fouillant à coups de bec le sol battu. Un coq rouge se dresse sur ses pattes, allonge le cou, arrondit son œil de braise, inquiet de ce corps dont il ne s'explique pas la présence; c'est un coq prudent et sagace, qui sait sans doute que le vieux n'a pas l'habitude de rester au lit après le soleil levé; et il finit par jeter son cri sonore de clairon, chantant la mort du vieux, tandis que les poules ressortent une à une, en gloussant et en piquant la terre.

Le curé des Cormiers ne peut venir qu'à cinq heures. Depuis le matin, on entend le charron qui scie du sapin et enfonce des clous. Ceux qui ignorent la nouvelle, disent : « Tiens ! c'est donc que Jean-Louis est mort », parce que les gens de la Courteille connaissent bien ces bruits-là.

Antoine et Catherine sont revenus, la moisson est terminée; ils ne peuvent pas dire qu'ils sont mécontents, car, depuis dix ans, le grain n'a pas été si beau.

Toute la famille attend le curé, on s'occupe pour prendre patience : Catherine met la soupe au feu, Joseph tire de l'eau, on envoie Jacquinet voir si le trou a été fait au cimetière. Enfin, à six heures seulement, le curé arrive. Il est dans une carriole, avec un gamin qui lui sert de clerc. Il descend devant la porte des Lacour, sort d'un journal son étole et son surplis; puis, il s'habille en disant :

— Dépêchons-nous, il faut que je sois rentré à sept heures.

Pourtant, personne ne se presse. On est obligé d'aller chercher les deux voisins qui doivent porter le défunt sur la vieille civière de bois noir. Comme on va partir enfin, Jacquinet accourt et crie que le trou n'est pas fini, mais qu'on peut venir tout de même.

Alors, le prêtre marche le premier, en lisant du latin dans un livre. Le petit clerc qui le suit, tient un vieux bénitier de cuivre bossué, dans lequel trempe un goupillon. C'est seulement au milieu du village qu'un autre enfant sort de la grange où l'on dit la messe tous les quinze jours, et prend la tête du cortége, avec une croix emmanchée au bout d'un bâton. La famille est derrière le corps ; peu à peu, tous les gens du village se joignent à elle; une queue de galopins, nu-tête, débraillés, sans souliers, ferme la marche.

Le cimetière se trouve à l'autre bout de la Courteille. Aussi les deux voisins lâchent-ils la civière à trois reprises; ils soufflent, pendant que le convoi s'arrête; et l'on repart. On entend le piétinement des sabots sur la terre dure. Quand on arrive, le trou, en effet, n'est pas terminé; le fossoyeur est encore dedans, et on le voit qui s'enfonce, puis qui reparaît, régulièrement, à chaque pelletée de terre.

Une simple haie entoure le cimetière. Des ronces ont poussé, où les gamins viennent, les soirs de septembre, manger des mûres. C'est un jardin en rase campagne. Au fond, il y a des groseillers énormes; un poirier, dans un coin, a grandi comme un chêne; une courte allée de tilleuls, au milieu, fait un ombrage, sous lequel les vieux en été fument leur pipe. Le soleil brûle, des sauterelles s'effarent, des mouches d'or ronflent dans le frisson de la chaleur. Le silence est tout frémissant de vie, la sève de cette terre grasse coule avec le sang rouge des coquelicots.

On a posé le cercueil près du trou. Le gamin qui porte la croix, vient la planter aux pieds du mort, pendant que le prêtre, debout à la tête, continue de lire du latin dans son livre. Mais les assistants s'intéressent surtout au travail du fossoyeur. Ils entourent la fosse, suivent la pelle des yeux; et, quand ils se retournent, le curé s'en est allé avec les deux enfants; il n'y a plus là que la famille, qui attend d'un air de patience.

Enfin, la fosse est creusée.

— C'est assez profond, va! crie l'un des paysans qui ont porté le corps.

Et tout le monde aide pour descendre le cercueil. Le père Lacour sera bien, dans ce trou. Il connaît la terre, et la terre le connaît. Ils feront bon ménage ensemble. Voici près de soixante ans qu'elle lui a donné ce rendez-vous, le jour où il l'a entamée de son premier coup de pioche. Leurs tendresses devaient finir par là, la terre devait le prendre et le garder. Et quel bon repos ! Il entendra seulement les pattes légères des oiseaux plier les brins d'herbe. Personne ne marchera sur sa tête, il restera des années chez lui, sans qu'on le dérange. C'est la mort ensoleillée, le sommeil sans fin dans la paix des campagnes.

Les enfants se sont approchés. Catherine, Antoine, Joseph, ramassent une poignée de terre et la jettent sur le vieux. Jacquinet, qui a cueilli des coquelicots, jette aussi son bouquet. Puis, la famille rentre manger la soupe, les bêtes reviennent des champs, le soleil se couche. Une nuit chaude endort le village.

POUR UNE NUIT D'AMOUR

POUR UNE NUIT D'AMOUR[1]

I

La petite ville de P... est bâtie sur une colline. Au pied des anciens remparts, coule un ruisseau, encaissé et très profond, le Chanteclair, qu'on nomme sans doute ainsi pour le bruit cristallin de ses eaux limpides. Lorsqu'on arrive par la route de Versailles, on traverse le Chanteclair, à la porte sud de la ville, sur un pont de pierre d'une seule arche, dont les larges parapets, bas et arrondis, servent de bancs à tous les vieillards du faubourg. En face, monte la rue Beau-Soleil, au bout de laquelle se trouve une place silencieuse, la place des Quatre-Femmes, pavée de grosses pierres, envahie par une herbe drue, qui la verdit comme un pré. Les maisons dorment. Toutes les

[1]. L'idée première de cette nouvelle a été prise dans Casanova.

demi-heures, le pas traînard d'un passant fait aboyer un chien, derrière la porte d'une écurie; et l'émotion de ce coin perdu est encore le passage régulier, deux fois par jour, des officiers qui se rendent à leur pension, une table d'hôte de la rue Beau-Soleil.

C'était dans la maison d'un jardinier, à gauche, que demeurait Julien Michon. Le jardinier lui avait loué une grande chambre, au premier étage; et, comme cet homme habitait l'autre façade de la maison, sur la rue Catherine, où était son jardin, Julien vivait là tranquille, ayant son escalier et sa porte, s'enfermant déjà, à vingt-cinq ans, dans les manies d'un petit bourgeois retiré.

Le jeune homme avait perdu son père et sa mère très jeune. Autrefois, les Michon étaient bourreliers aux Alluets, près de Mantes. A leur mort, un oncle avait envoyé l'enfant en pension. Puis, l'oncle lui-même était parti, et Julien, depuis cinq ans, remplissait à la poste de P... un petit emploi d'expéditionnaire. Il touchait quinze cents francs, sans espoir d'en gagner jamais davantage. D'ailleurs, il faisait des économies, il n'imaginait point une condition plus large ni plus heureuse que la sienne.

Grand, fort, osseux, Julien avait de grosses mains qui le gênaient. Il se sentait laid, la tête carrée et comme laissée à l'état de débauche, sous le coup de pouce d'un sculpteur trop rude; et cela le rendait timide, surtout quand il y avait des demoiselles. Une blanchisseuse lui ayant dit en riant qu'il n'était pas si vilain, il en avait gardé un grand trouble. Dehors, les bras ballants, le dos voûté, la tête basse, il faisait de longues enjambées, pour rentrer plus vite dans son ombre. Sa gaucherie lui donnait un effarouchement continu, un besoin maladif de médiocrité et d'obscurité. Il semblait s'être résigné à vieillir de la sorte, sans une camaraderie, sans une amourette, avec ses goûts de moine cloîtré.

Et cette vie ne pesait point à ses larges épaules. Julien, au fond, était très heureux. Il avait une âme calme et transparente. Son existence quotidienne, avec les règles fixes qui la menaient, était faite de sérénité. Le matin, il se rendait à son bureau, recommençait paisiblement la besogne de la veille; puis, il déjeunait d'un petit pain, et reprenait ses écritures; puis, il dînait, il se couchait, il dormait. Le lendemain, le soleil ramenait la même journée, cela pendant des semaines, des mois. Ce lent défilé finissait par prendre une musique pleine de douceur, le berçait du rêve de ces bœufs qui tirent la charrue et qui ruminent le soir, dans de la paille fraîche. Il buvait tout le charme de la monotonie. Son plaisir était parfois, après son dîner, de descendre la rue Beau-Soleil et de s'asseoir sur le pont, pour attendre neuf heures. Il laissait pendre ses jambes au-dessus de l'eau, il regardait passer continuellement sous lui le Chanteclair, avec le bruit pur de ses flots d'argent. Des saules, le long des deux rives, penchaient leurs têtes pâles, enfonçaient leurs images. Au ciel, tombait la cendre fine du crépuscule. Et il restait, dans ce grand calme, charmé, songeant confusément que le Chanteclair devait être heureux comme lui, à rouler toujours sur les mêmes herbes, au milieu d'un si beau silence. Quand les étoiles brillaient, il rentrait se coucher, avec de la fraîcheur plein la poitrine.

D'ailleurs, Julien se donnait d'autres plaisirs. Les jours de congé, il partait à pied, tout seul, heureux d'aller très loin et de revenir rompu de fatigue. Il s'était aussi fait un camarade d'un muet, un ouvrier graveur, au bras duquel il se promenait sur le Mail, pendant des après-midi entières, sans même échanger un signe. D'autres fois, au fond du Café des Voyageurs, il entamait avec le muet d'interminables parties de dames, pleines d'immobilité et de réflexion. Il avait eu un chien écrasé par une voiture, et il lui gardait un si religieux souvenir, qu'il ne voulait plus de bête chez lui. A la poste, on le plaisantait sur une gamine de dix ans, une fille en haillons qui vendait, pieds nus, des boîtes d'allumettes, et qu'il régalait de gros sous, sans vouloir emporter sa marchandise; mais il se fâchait, il se cachait pour glisser les sous à la petite. Jamais on ne le rencontrait en compagnie d'une jupe, le soir, aux remparts. Les ouvrières de P..., des gaillardes très dégourdies, avaient fini elles-mêmes par le laisser tranquille, en le voyant, suffoqué devant elles, prendre leurs rires d'encouragement pour des moqueries. Dans la ville, les uns le disaient stupide, d'autres prétendaient qu'il fallait se défier de ces garçons-là, qui sont si doux et qui vivent solitaires.

Le paradis de Julien, l'endroit où il respirait à l'aise, c'était sa chambre. Là seulement il se croyait à l'abri du monde. Alors, il se redressait, il riait tout seul; et, quand il s'apercevait dans la glace, il demeurait surpris de se voir très jeune. La chambre était vaste; il y avait installé un grand canapé, une table ronde, avec deux chaises et un fauteuil. Mais il lui restait encore de la place pour marcher : le lit se perdait au fond d'une immense alcôve; une petite commode de noyer, entre les deux fenêtres, semblait un jouet d'enfant. Il se promenait, s'allongeait, ne s'ennuyait point de lui-même. Jamais il n'écrivait en dehors de son bureau, et la lecture le fatiguait. Comme la vieille dame qui tenait la pension où il mangeait, s'obstinait à vouloir faire son éducation en lui prêtant des romans, il les rapportait, sans pouvoir répéter ce qu'il y avait dedans, tant ces histoires compliquées manquaient pour lui de sens commun. Il dessinait un peu, toujours la même tête, une femme de profil, l'air sévère, avec de larges bandeaux et une torsade de perles dans le chignon. Sa seule passion était la musique. Pendant des soirées entières, il jouait de la flûte, et c'était là, par-dessus tout, sa grande récréation.

Julien avait appris la flûte tout seul. Longtemps, une vieille flûte de bois jaune, chez un marchand de bric-à-brac de la place du Marché, était restée une de ses plus âpres convoitises. Il avait l'argent, mais il n'osait entrer l'acheter, de peur d'être ridicule. Enfin, un soir, il s'était enhardi jusqu'à emporter la flûte en courant, cachée sous son paletot, serrée contre sa poitrine. Puis, portes et fenêtres closes, très doucement pour qu'on ne l'entendît pas, il avait épelé pendant deux années une vieille méthode, trouvée chez un petit libraire. Depuis six mois seulement, il se risquait à jouer, les croisées ouvertes. Il ne savait que des airs anciens, lents et simples, des romances du siècle dernier, qui prenaient une tendresse infinie, lorsqu'il les bégayait avec la maladresse d'un élève plein d'émotion. Dans les soirées tièdes, quand le quartier dormait, et que ce chant léger sortait de la grande pièce éclairée d'une bougie, on aurait dit une voix d'amour, tremblante et basse, qui confiait à la solitude et à la nuit ce qu'elle n'aurait jamais dit au plein jour.

Souvent même, comme il savait les airs de mémoire, Julien soufflait sa lumière, par économie. Du reste, il aimait l'obscurité. Alors, assis devant une fenêtre, en face du ciel, il jouait dans le noir. Des passants levaient la tête, cherchaient d'où venait cette musique si frêle et si jolie, pareille aux roulades lointaines d'un rossignol. La vieille flûte de bois jaune était un peu fêlée, ce qui lui donnait un son voilé, le filet de voix adorable d'une marquise d'autrefois, chantant encore très purement les menuets de sa jeunesse. Une à une, les notes s'envolaient avec leur petit bruit d'ailes. Il semblait que le chant vînt de la nuit elle-même, tant il se mêlait aux souffles discrets de l'ombre.

Julien avait grand'peur qu'on se plaignît dans le quartier. Mais on a le sommeil dur, en province. D'ailleurs, la place des Quatre-Femmes n'était habitée que par un notaire, maître Savournin, et un ancien gendarme retraité, le capitaine Pidoux, tous deux voisins commodes, couchés et endormis à neuf heures. Julien redoutait davantage les habitants d'un noble logis, l'hôtel de Marsanne, qui dressait de l'autre côté de la place, juste devant ses fenêtres, une façade grise et triste, d'une sévérité de cloître. Un perron de cinq marches, envahi par les herbes, montait à une porte ronde, que des têtes de clous énormes défendaient. L'unique étage alignait dix croisées, dont les persiennes s'ouvraient et se fermaient aux mêmes heures, sans rien laisser voir des pièces, derrière les épais rideaux toujours tirés. A gauche, les grands marronniers du jardin mettaient un massif de verdure, qui élargissait la houle de ses feuilles jusqu'aux remparts. Et cet hôtel imposant, avec son parc, ses murailles graves, son air de royal ennui, faisait songer à Julien que, si les Marsanne n'aimaient pas la flûte, ils n'auraient certainement qu'un mot à dire, pour l'empêcher d'en jouer.

Le jeune homme éprouvait du reste un respect religieux, quand il s'accoudait à sa fenêtre, tant le développement du jardin et des constructions lui semblait vaste. Dans le pays, l'hôtel était célèbre, et l'on racontait que des étrangers venaient de loin le visiter. Des légendes couraient également sur la richesse des Marsanne. Longtemps, il avait guetté le vieux logis, pour pénétrer les mystères de cette fortune toute-puissante. Mais, pendant les heures qu'il s'oubliait là, il ne voyait toujours que la façade grise et le massif noir des marronniers. Jamais une âme ne montait les marches descellées du perron, jamais la porte verdie de mousse ne s'ouvrait. Les Marsanne avaient condamné cette porte, on entrait par une grille, rue Saint-Anne; en outre, au bout d'une ruelle, près des remparts, il y avait une petite porte donnant sur le jardin, que Julien ne pouvait apercevoir. Pour lui, l'hôtel restait mort, pareil à un de ces palais des contes de fée, peuplé d'habitants invisibles. Chaque matin et chaque soir, il distinguait seulement les bras du domestique qui poussaient les persiennes. Puis, la maison reprenait son grand air mélancolique de tombe abandonnée dans le recueillement d'un cimetière. Les marronniers étaient si touffus, qu'ils cachaient sous leurs branches les allées du jardin. Et cette existence hermétiquement close, hautaine et muette, redoublait l'émotion du jeune homme. La richesse, c'était donc cette paix morne, où il retrouvait le frisson religieux qui tombe de la voûte des églises?

Que de fois, avant de se coucher, il avait soufflé sa bougie et était resté une heure à sa fenêtre, pour surprendre ainsi les secrets de l'hôtel de Marsanne! La nuit, l'hôtel barrait le ciel d'une tache sombre, les marronniers étalaient une mare d'encre. On devait soigneusement tirer les rideaux à l'intérieur, pas une lueur ne glissait entre les lames des persiennes. Même la maison n'avait point cette respiration des maisons habitées, où l'on sent les haleines des gens endormis. Elle s'anéantissait dans le noir. C'était alors que Julien s'enhardissait et prenait sa flûte. Il pouvait jouer impunément; l'hôtel vide lui renvoyait l'écho des petites notes perlées; certaines phrases ralenties se perdaient dans les ténèbres du jardin, où l'on n'entendait seulement pas un battement d'ailes. La vieille flûte de bois jaune semblait jouer ses airs anciens devant le château de la Belle-au-Bois-dormant.

Un dimanche, sur la place de l'église, un des

employés de la poste montra brusquement à Julien un grand vieillard et une vieille dame, en les lui nommant. C'étaient le marquis et la marquise de Marsanne. Ils sortaient si rarement, qu'il ne les avait jamais vus. Une grosse émotion le saisit, tant il les trouva maigres et solennels, comptant leurs pas, salués jusqu'à terre et répondant seulement d'un léger signe de tête. Alors, son camarade lui apprit coup sur coup qu'ils avaient une fille encore au couvent, mademoiselle Thérèse de Marsanne, puis que le petit Colombel, le clerc de maître Savournin, était le frère de lait de cette dernière. En effet, comme les deux vieilles gens allaient prendre la rue Saint-Anne, le petit Colombel qui passait s'approcha, et le marquis lui tendit la main, honneur qu'il n'avait fait à personne. Julien souffrit de cette poignée de main; car ce Colombel, un garçon de vingt ans, aux yeux vifs, à la bouche méchante, avait longtemps été son ennemi. Il le plaisantait de sa timidité, ameutait contre lui les blanchisseuses de la rue Beau-Soleil; si bien qu'un jour, aux remparts, il y avait eu entre eux un duel à coups de poing, dont le clerc de notaire était sorti avec les deux yeux pochés. Et Julien, le soir, joua de la flûte plus bas encore, quand il connut tous ces détails.

D'ailleurs, le trouble que lui causait l'hôtel de Marsanne, ne dérangeait pas ses habitudes, d'une régularité d'horloge. Il allait à son bureau, il déjeunait, dînait, faisait son tour de promenade au bord du Chanteclair. L'hôtel lui-même, avec sa grande paix, finissait par entrer dans la douceur de sa vie. Deux années se passèrent. Il était tellement habitué aux herbes du perron, à la façade grise, aux persiennes noires, que ces choses lui semblaient définitives, nécessaires au sommeil du quartier.

Depuis cinq ans, Julien habitait la place des Quatre-Femmes, lorsque, un soir de juillet, un événement bouleversa son existence. La nuit était très chaude, tout allumée d'étoiles. Il jouait de la flûte sans lumière, mais d'une lèvre distraite, ralentissant le rythme et s'endormant sur certains sons, lorsque, tout d'un coup, en face de lui, une fenêtre de l'hôtel de Marsanne s'ouvrit et resta béante, vivement éclairée dans la façade sombre. Une jeune fille était venue s'accouder, et elle demeurait là, elle découpait sa mince silhouette, levait la tête comme pour prêter l'oreille. Julien, tremblant, avait cessé de jouer. Il ne pouvait distinguer le visage de la jeune fille, il ne voyait que le flot de ses cheveux, déjà dénoués sur son cou. Et une voix légère lui arriva au milieu du silence.

— Tu n'as pas entendu? Françoise. On aurait dit une musique.

— Quelque rossignol, mademoiselle, répondit une voix grosse, à l'intérieur. Fermez, prenez garde aux bêtes de nuit.

Quand la façade fut redevenue noire, Julien ne put quitter son fauteuil, les yeux pleins de la trouée lumineuse qui s'était faite dans cette muraille, morte jusque-là. Et il gardait un tremblement, il se demandait s'il devait être heureux de cette apparition. Puis, une heure plus tard, il se remit à jouer tout bas. Il souriait à la pensée que la jeune fille croyait sans doute qu'il y avait un rossignol dans les marronniers.

II

Le lendemain, à la poste, la grosse nouvelle était que mademoiselle Thérèse de Marsanne venait de quitter le couvent. Julien ne raconta pas qu'il l'avait aperçue en cheveux, le cou nu. Il était très inquiet ; il éprouvait un sentiment indéfinissable contre cette jeune fille, qui allait déranger ses habitudes. Certainement, cette fenêtre, dont il redouterait de voir s'ouvrir les persiennes à toute heure, le gênerait horriblement. Il ne serait plus chez lui, il aurait encore mieux aimé un homme qu'une femme, car les femmes se moquent davantage. Comment, désormais, oserait-il jouer de la flûte ? il en jouait trop mal pour une demoiselle qui devait savoir la musique. Le soir donc, après de longues réflexions, il croyait détester Thérèse.

Julien rentra furtivement. Il n'alluma pas de

bougie. De cette façon, elle ne le verrait point. Il voulait se coucher tout de suite, pour marquer sa mauvaise humeur. Mais il ne put résister au besoin de savoir ce qui se passait en face. La fenêtre ne s'ouvrit pas. Vers dix heures seulement, une lueur pâle se montra entre les lames des persiennes; puis, cette lueur s'éteignit, et il resta à regarder la fenêtre sombre. Tous les soirs, dès lors, il recommença malgré lui cet espionnage. Il guettait l'hôtel; comme aux premiers temps, il s'appliquait à noter les petits souffles qui en ranimaient les vieilles pierres muettes. Rien ne semblait changé, la maison dormait toujours son sommeil profond; il fallait des oreilles et des yeux exercés, pour surprendre la vie nouvelle. C'était, parfois, une lumière courant derrière les vitres, un coin de rideau écarté, une pièce immense entrevue. D'autres fois, un pas léger traversait le jardin, un bruit lointain de piano arrivait, accompagnant une voix; ou bien les bruits demeuraient plus vagues encore, un frisson simplement passait, qui indiquait dans la vieille demeure le battement d'un sang jeune. Julien s'expliquait à lui-même sa curiosité, en se prétendant très ennuyé de tout ce tapage. Combien il regrettait le temps où l'hôtel vide lui renvoyait l'écho adouci de sa flûte !

Un de ses plus ardents désirs, bien qu'il ne se l'avouât pas, était de revoir Thérèse. Il se l'imaginait le visage rose, l'air moqueur, avec des yeux luisants. Mais, comme il ne se hasardait pas le jour à sa fenêtre, il ne l'entrevoyait que la nuit, toute grise d'ombre. Un matin, au moment où il refermait une de ses persiennes, pour se garantir du soleil, il aperçut Thérèse debout au milieu de sa chambre. Il resta cloué, n'osant risquer un mouvement. Elle semblait réfléchir, très grande, très pâle, la face belle et régulière. Et il eut presque peur d'elle, tant elle était différente de l'image gaie qu'il s'en était faite. Elle avait surtout une bouche un peu grande, d'un rouge vif, et des yeux profonds, noirs et sans éclat, qui lui donnaient un air de reine cruelle. Lentement, elle vint à la fenêtre ; mais elle ne parut pas le voir, comme s'il était trop loin, trop perdu. Elle s'en alla, et le mouvement rythmé de son cou avait une grâce si forte, qu'il se sentit à côté d'elle plus débile qu'un enfant, malgré ses larges épaules. Quand il la connut, il la redouta davantage.

Alors, commença pour le jeune homme une existence misérable. Cette belle demoiselle, si grave et si noble, qui vivait près de lui, le désespérait. Elle ne le regardait jamais, elle ignorait son existence. Mais il n'en défaillait pas moins en pensant qu'elle pouvait le remarquer et le trouver ridicule. Sa timidité maladive lui faisait croire qu'elle épiait chacun de ses actes pour se moquer. Il rentrait l'échine basse, il évitait de remuer dans sa chambre. Puis, au bout d'un mois, il souffrit du dédain de la jeune fille. Pourquoi ne le regardait-elle jamais? Elle venait à la fenêtre, promenait son regard noir sur le pavé désert, et se retirait sans le deviner, anxieux, de l'autre côté de la place. Et de même qu'il avait tremblé à l'idée d'être aperçu par elle, il frissonnait maintenant du besoin de la sentir fixer les yeux sur lui. Elle occupait toutes les heures qu'il vivait.

Quand Thérèse se levait, le matin, il oubliait son bureau, lui si exact. Il avait toujours peur de ce visage blanc aux lèvres rouges, mais une peur délicieuse, dont il jouissait. Caché derrière un rideau, il s'emplissait de la terreur qu'elle lui inspirait jusqu'à s'en rendre malade, les jambes cassées comme après une longue marche. Il faisait le rêve qu'elle le remarquait tout d'un coup, qu'elle lui souriait et qu'il n'avait plus peur.

Et il eut l'idée alors de la séduire, à l'aide de sa flûte. Par les soirées chaudes, il se remit à jouer. Il laissait les deux croisées ouvertes, il jouait dans l'obscurité ses airs les plus vieux, des airs de pastorale, naïfs comme des rondes de petite fille. C'étaient des notes longuement tenues et tremblées, qui s'en allaient sur des cadences simples les unes derrière les autres, pareilles à des dames amoureuses de l'ancien temps, étalant leurs jupes. Il choisissait les nuits sans lune; la place était noire, on ne savait d'où venait ce chant si doux, rasant les maisons endormies, de l'aile molle d'un oiseau nocturne. Et, dès le premier soir, il eut l'émotion de voir Thérèse à son coucher s'approcher tout en blanc de la fenêtre, où elle s'accouda, surprise de retrouver cette musique, qu'elle avait entendue déjà, le jour de son arrivée.

— Écoute donc, Françoise, dit-elle de sa voix grave, en se tournant vers l'intérieur de la pièce. Ce n'est pas un oiseau.

— Oh! répondit une femme âgée, dont Julien n'apercevait que l'ombre, c'est bien sûr quelque comédien qui s'amuse, et très loin, dans le faubourg.

— Oui, très loin, répéta la jeune fille, après un silence, rafraîchissant dans la nuit ses bras nus.

Dès lors, chaque soir, Julien joua plus fort. Ses lèvres enflaient le son, sa fièvre passait dans la vieille flûte de bois jaune. Et Thérèse, qui écoutait chaque soir, s'étonnait de cette musique vivante, dont les phrases, volant de toiture en toiture, attendaient la nuit pour faire un pas vers elle. Elle sentait bien que la sérénade marchait vers sa fenêtre, elle se haussait parfois, comme pour voir par-dessus les maisons. Puis, une nuit, le chant éclata si près, qu'elle en fut effleurée; elle le devina sur la place, dans une des vieilles demeures qui sommeillaient. Julien soufflait de toute sa passion, la flûte vibrait avec des sonneries de cristal. L'ombre lui donnait une telle audace, qu'il espérait l'amener à lui par la force de son chant. Et Thérèse, en effet, se penchait, comme attirée et conquise.

— Rentrez, dit la voix de la dame âgée. La nuit est orageuse, vous aurez des cauchemars.

Cette nuit-là, Julien ne put dormir. Il s'imaginait que Thérèse l'avait deviné, l'avait vu peut-être. Et il brûlait sur son lit, il se demandait s'il ne devait pas se montrer le lendemain. Certes, il serait ridicule, en se cachant davantage. Pourtant, il décida qu'il ne se montrerait pas, et il était devant sa fenêtre, à six heures, en train de remettre sa flûte dans l'étui, lorsque les persiennes de Thérèse s'ouvrirent brusquement.

La jeune fille, qui ne se levait jamais avant huit heures, parut en peignoir, s'accouda, les cheveux tordus sur la nuque. Julien resta stupide, la tête levée, la regardant en face, sans pouvoir se détourner; tandis que ses mains gauches essayaient vainement de démonter la flûte. Thérèse aussi l'examinait, d'un regard fixe et souverain. Elle sembla un instant l'étudier dans ses gros os, dans son corps énorme et mal ébauché, dans toute sa laideur de géant timide. Et elle n'était plus l'enfant fiévreuse, qu'il avait vue la veille; elle était hautaine et très blanche, avec ses yeux noirs et ses lèvres rouges. Quand elle l'eut jugé, de l'air tranquille dont elle se serait demandé si un chien sur le pavé lui plaisait ou ne lui plaisait pas, elle le condamna d'une légère moue; puis, tournant le dos, sans se hâter, elle ferma la fenêtre.

Julien, les jambes molles, se laissa tomber dans son fauteuil. Et des paroles entrecoupées lui échappaient.

— Ah! mon Dieu! je lui déplais... Et moi qui l'aime, et moi qui vais en mourir!

Il se prit la tête entre les mains, il sanglota. Aussi pourquoi s'être montré. Quand on était mal bâti, on se cachait, on n'épouvantait pas les filles. Il s'injuriait, furieux de sa laideur. Est-ce qu'il n'aurait pas dû continuer à jouer de la flûte dans l'ombre, comme un oiseau de nuit, qui séduit les cœurs par son chant, et qui ne doit jamais paraître au soleil, s'il veut plaire? Il serait resté pour elle une musique douce, rien que l'air ancien d'un amour mystérieux. Elle l'aurait adoré sans le connaître, ainsi qu'un Prince-Charmant, venu de loin, et se mourant de tendresse sous sa fenêtre. Mais, lui, brutal et imbécile, avait rompu le charme. Voilà qu'elle le savait d'une épaisseur de bœuf au labour, et que jamais plus elle n'aimerait sa musique!

En effet, il eut beau reprendre ses airs les plus tendres, choisir les nuits tièdes, embaumées de l'odeur des verdures : Thérèse n'écoutait pas, n'entendait pas. Elle allait et venait dans sa chambre, s'accoudait à la fenêtre, comme s'il n'avait pas été en face, à dire son amour avec des petites notes humbles. Un jour même, elle s'écria :

— Mon Dieu! que c'est énervant, cette flûte qui joue faux!

Alors, désespéré, il jeta sa flûte au fond d'un tiroir et ne joua plus.

Il faut dire que le petit Colombel, lui aussi, se moquait de Julien. Un jour, en allant à son étude, il l'avait vu devant la fenêtre, étudiant un morceau, et chaque fois qu'il passait sur la place, il riait de son air mauvais. Julien savait que le clerc de notaire était reçu chez les Marsanne, ce qui lui crevait le cœur, non qu'il fût jaloux de cet avorton, mais parce qu'il aurait donné tout son sang pour être une heure à sa place. La mère du jeune homme, Françoise, depuis des années dans la maison, veillait maintenant sur Thérèse, dont elle était la nourrice. Autrefois, la demoiselle noble et le petit paysan avaient grandi ensemble, et il semblait naturel qu'ils eussent conservé quelque chose de leur camaraderie ancienne. Julien n'en souffrait pas moins, quand il rencontrait Colombel dans les rues, les lèvres pincées de son mince sourire. Sa répulsion devint plus grande, le jour où il s'aperçut que l'avorton n'était pas laid de visage, une tête ronde de chat, mais très fine, jolie et diabolique, avec des yeux verts et une légère barbe frisée à son menton douillet. Ah! s'il l'avait encore tenu dans un coin des remparts, comme il lui aurait fait payer cher le bonheur de voir Thérèse chez elle!

Un an s'écoula. Julien fut très malheureux. Il ne vivait plus que pour Thérèse. Son cœur était dans cet hôtel glacial, en face duquel il se mourait de gaucherie et d'amour. Dès qu'il disposait d'une minute, il venait la passer là, les regards fixés sur le pan de muraille grise, dont il connaissait les moindres taches de mousse. Il avait eu beau, pendant de longs mois, ouvrir les yeux et prêter les oreilles, il ignorait encore l'existence intérieure de cette maison solennelle, où il emprisonnait son être. Des bruits vagues, des lueurs perdues l'égaraient. Étaient-ce des fêtes, étaient-ce des deuils? il ne savait, la vie était sur l'autre façade. Il rêvait ce qu'il voulait, selon ses tristesses ou ses joies : des jeux bruyants de Thérèse et de Colombel, des promenades lentes de la jeune fille sous les marronniers, des bals qui la balançaient aux bras des danseurs, des chagrins brusques qui l'asseyaient pleurante dans des pièces sombres. Ou bien il n'entendait peut-être que les petits pas du marquis et de la marquise trottant comme des souris sur les vieux parquets. Et, dans son ignorance, il voyait toujours la seule fenêtre de Thérèse trouer ce mur mystérieux. La jeune fille, journellement, se montrait, plus muette que les pierres, sans que jamais son apparition amenât un espoir. Elle le consternait, tant elle restait inconnue et loin de lui.

Les grands bonheurs de Julien étaient les heures où la fenêtre demeurait ouverte. Alors, il pouvait apercevoir des coins de la chambre, pendant l'absence de la jeune fille. Il mit six mois à savoir que le lit était à gauche, un lit dans une alcôve, avec des rideaux de soie rose. Puis, au bout de six autres mois, il comprit qu'il y avait en face du lit, une commode Louis XV, surmontée d'une glace, dans un cadre de porcelaine. En face, il voyait la cheminée de marbre blanc. Cette chambre était le paradis rêvé.

Son amour n'allait pas sans de grandes luttes. Il se tenait caché pendant des semaines, honteux de sa laideur. Puis, des rages le prenaient. Il avait le besoin d'étaler ses gros membres, de lui imposer la vue de son visage bossué, brûlé de fièvre. Alors, il restait des semaines à la fenêtre, il la fatiguait de son regard. Même, à deux reprises, il lui envoya des baisers ardents, avec cette brutalité des gens timides, quand l'audace les affole.

Thérèse ne se fâchait même pas. Lorsqu'il était caché, il la voyait aller et venir de son air royal, et lorsqu'il s'imposait, elle gardait cet air, plus haut et plus froid encore. Jamais il ne la surprenait dans une heure d'abandon. Si elle le rencontrait sous son regard, elle n'avait aucune hâte à détourner la tête. Quand il entendait dire à la poste que mademoiselle de Marsanne était très pieuse et très bonne, parfois il protestait violemment en lui-même. Non, non ! elle était sans religion, elle

aimait le sang, car elle avait du sang aux lèvres, et
la pâleur de sa face venait de son mépris du monde.
Puis, il pleurait de l'avoir insultée, il lui demandait
pardon, comme à une sainte enveloppée dans la
pureté de ses ailes.

Pendant cette première année, les jours suivirent les jours, sans amener un changement.
Lorsque l'été revint, il éprouva une singulière
sensation : Thérèse lui sembla marcher dans un
autre air. C'étaient toujours les mêmes petits
événements, les persiennes poussées le matin et
refermées le soir, les apparitions régulières aux
heures accoutumées; mais un souffle nouveau sortait
de la chambre. Thérèse était plus pâle, plus grande.
Un jour de fièvre, il se hasarda une troisième fois à
lui adresser un baiser du bout de ses doigts fiévreux. Elle le regarda fixement, avec sa gravité
troublante, sans quitter la fenêtre. Ce fut lui qui
se retira, la face empourprée.

Un seul fait nouveau, vers la fin de l'été, se produisit et le secoua profondément, bien que ce fait
fût des plus simples. Presque tous les jours, au
crépuscule, la croisée de Thérèse, laissée entr'ouverte, se fermait violemment, avec un craquement
de toute la boiserie et de l'espagnolette. Ce bruit
faisait tressaillir Julien d'un sursaut douloureux;

et il demeurait torturé d'angoisse, le cœur meurtri, sans qu'il sût pourquoi. Après cet ébranlement brutal, la maison retombait dans une telle mort, qu'il avait peur de ce silence. Longtemps, il ne put distinguer quel bras fermait ainsi la fenêtre; mais, un soir, il aperçut les mains pâles de Thérèse; c'était elle qui tournait l'espagnolette d'un élan si furieux. Et, lorsque, une heure plus tard, elle rouvrait la fenêtre, mais sans hâte, pleine d'une lenteur digne, elle paraissait lasse, s'accoudait un instant; puis, elle marchait au milieu de la pureté de sa chambre, occupée à des futilités de jeune fille. Julien restait la tête vide, avec le continuel grincement de l'espagnolette dans les oreilles.

Un soir d'automne, par un temps gris et doux, l'espagnolette eut un grincement terrible. Julien tressaillit, et des larmes involontaires lui coulèrent des yeux, en face de l'hôtel lugubre que le crépuscule noyait d'ombre. Il avait plu le matin, les marronniers à moitié dépouillés exhalaient une odeur de mort.

Cependant, Julien attendait que la fenêtre se rouvrît. Elle se rouvrit tout d'un coup, aussi rudement qu'elle s'était fermée. Thérèse parut. Elle était toute blanche, avec des yeux très grands, les cheveux tombés dans son cou.

Elle se planta devant la fenêtre, elle mit les dix doigts sur sa bouche rouge et envoya un baiser à Julien.

Éperdu, il appuya les poings contre sa poitrine, comme pour demander si ce baiser était pour lui.

Alors, Thérèse crut qu'il reculait. Elle se pencha davantage, elle remit les dix doigts sur sa bouche rouge, et lui envoya un second baiser. Puis, elle en envoya un troisième. C'étaient comme les trois baisers du jeune homme qu'elle rendait. Il restait béant. Le crépuscule était clair, il la voyait nettement dans le cadre d'ombre de la fenêtre.

Lorsqu'elle pensa l'avoir conquis, elle jeta un coup d'œil sur la petite place. Et, d'une voix étouffée :

— Venez, dit-elle simplement.

Il vint. Il descendit, s'approcha de l'hôtel. Comme il levait la tête, la porte du perron s'entrebâilla, cette porte verrouillée depuis un demi-siècle peut-être, dont la mousse avait collé les vantaux. Mais il marchait dans la stupeur, il ne s'étonnait plus. Dès qu'il fût entré, la porte se referma, et il suivit une petite main glacée qui l'emmenait. Il monta un étage, longea un corridor, traversa une première pièce, se trouva enfin dans une chambre qu'il reconnut. C'était le paradis rêvé, la chambre aux rideaux de soie rose. Le jour s'y mourait avec une douceur lente. Il fut tenté de se mettre à genoux. Cependant, Thérèse se tenait devant lui toute droite, les mains serrées fortement, si résolue, qu'elle restait victorieuse du frisson dont elle était secouée.

— Vous m'aimez? demanda-t-elle d'une voix basse.

— Oh! oui, oh! oui, balbutia-t-il.

Mais elle eut un geste, pour lui défendre les paroles inutiles. Elle reprit, d'un air hautain qui semblait rendre ses paroles naturelles et chastes, dans sa bouche de jeune fille :

— Si je me donnais, vous feriez tout, n'est-ce pas?

Il ne put répondre, il joignit les mains. Pour un baiser d'elle, il se vendrait.

— Eh bien! j'ai un service à vous demander.

Comme il restait imbécile, elle eut une brusque violence, en sentant que ses forces étaient à bout, et qu'elle n'allait plus oser. Elle s'écria :

— Voyons, il faut jurer d'abord... Moi je jure de tenir le marché... Jurez, jurez donc!

— Oh! je jure! oh! tout ce que vous voudrez! dit-il, dans un élan d'abandon absolu.

L'odeur pure de la chambre le grisait. Les rideaux de l'alcôve étaient tirés, et la seule pensée du lit vierge, dans l'ombre adoucie de la soie rose, l'emplissait d'une extase religieuse. Alors, de ses mains devenues brutales, elle écarta les rideaux, montra l'alcôve, où le crépuscule laissait tomber une lueur louche. Le lit était en désordre, les draps pendaient, un oreiller tombé par terre paraissait crevé d'un coup de dent. Et, au milieu des dentelles froissées, gisait le corps d'un homme, les pieds nus, vautré en travers.

— Voilà, expliqua-t-elle d'une voix qui s'étranglait, cet homme était mon amant... Je l'ai poussé, il est tombé, je ne sais plus. Enfin, il est mort... Et il faut que vous l'emportiez. Vous comprenez bien?... C'est tout, oui, c'est tout. Voilà !

III

Toute petite, Thérèse de Marsanne prit Colombel pour souffre-douleur. Il était son aîné de six mois à peine, et Françoise, sa mère, avait achevé de l'élever au biberon, pour la nourrir. Plus tard, grandi dans la maison, il y occupa une position vague, entre domestique et camarade de jeux de la jeune fille.

Thérèse était une enfant terrible. Non qu'elle se montrât garçonnière et bruyante. Elle gardait, au contraire, une singulière gravité, qui la faisait considérer comme une demoiselle bien élevée, par les visiteurs auxquels elle adressait de belles révérences. Mais elle avait des inventions étranges : elle éclatait brusquement en cris inarticulés, en trépignements fous, lorsqu'elle était seule; ou bien elle se couchait sur le dos, au milieu d'une allée du jardin, puis restait là, allongée, refusant obstinément de se lever, malgré les corrections qu'on se décidait à lui administrer parfois.

Jamais on ne savait ce qu'elle pensait. Déjà, dans ses grands yeux d'enfant, elle éteignait toute flamme; et, au lieu de ces clairs miroirs où l'on aperçoit si nettement l'âme des fillettes, elle avait deux trous sombres, d'une épaisseur d'encre, dans lesquels il était impossible de lire.

A six ans, elle commença à torturer Colombel. Il était petit et chétif. Alors, elle l'emmenait au fond du jardin, sous les marronniers, à un endroit assombri par les feuilles, et elle lui sautait sur le dos, elle se faisait porter. C'étaient des chevauchées d'une heure, autour d'un large rond-point. Elle le serrait au cou, lui enfonçait des coups de talons dans les flancs, sans le laisser reprendre haleine. Il était le cheval, elle était la dame. Lorsque, étourdi, il semblait près de tomber, elle lui mordait une oreille au sang, se cramponnait d'une étreinte si furieuse, qu'elle lui entrait ses petits ongles dans la chair. Et le galop reprenait, cette reine cruelle de six ans passait entre les arbres, les cheveux au vent, emportée par le gamin qui lui servait de bête.

Plus tard, en présence de ses parents, elle le

pinçait, et lui défendait de crier, sous la continuelle menace de le faire jeter à la rue, s'il parlait de leurs amusements. Ils avaient de la sorte une existence secrète, une façon d'être ensemble, qui changeait devant le monde. Quand ils étaient seuls, elle le traitait en joujou, avec des envies de le casser, curieuse de savoir ce qu'il y avait dedans. N'était-elle pas marquise, ne voyait-elle pas les gens à ses pieds? Puisqu'on lui laissait un petit homme pour jouer, elle pouvait bien en disposer à sa fantaisie. Et, comme elle s'ennuyait de régner sur Colombel, loin de tous les yeux, elle s'offrait ensuite le plaisir plus vif de lui allonger un coup de pied ou de lui enfoncer une épingle dans le bras, au milieu d'une nombreuse compagnie, en le magnétisant de ses yeux sombres, pour qu'il n'eût même pas un tressaillement.

Colombel supporta cette existence de martyr, avec des révoltes muettes qui le laissaient tremblant, les yeux à terre, afin d'échapper à la tentation d'étrangler sa jeune maîtresse. Mais il était lui-même de tempérament sournois. Cela ne lui déplaisait pas d'être battu. Il y goûtait une récréation âpre, s'arrangeait parfois pour se faire piquer, attendait la piqûre avec un frisson furieux et satisfait de sentir le coup d'épingle; et il se perdait alors dans les délices de la rancune. D'ailleurs, il se vengeait déjà, se laissait tomber sur des pierres, en entraînant Thérèse, sans craindre de se casser un membre, enchanté quand elle attrapait une bosse. S'il ne criait pas, lorsqu'elle le piquait devant le monde, c'était pour que personne ne se mît entre eux. Il y avait simplement là une affaire qui les regardait, une querelle dont il entendait sortir vainqueur, plus tard.

Cependant, le marquis s'inquiéta des allures violentes de sa fille. Elle ressemblait, disait-on, à un de ses oncles, qui avait mené une vie terrible d'aventures, et qui était mort assassiné dans un mauvais lieu, au fond d'un faubourg. Les Marsanne avaient ainsi, dans leur histoire, tout un filon tragique; des membres naissaient avec un mal étrange, de loin en loin, au milieu de la descendance d'une dignité hautaine; et ce mal était comme un coup de folie, une perversion des sentiments, une écume mauvaise qui semblait pour un temps épurer la famille. Le marquis, par prudence, crut donc devoir soumettre Thérèse à une éducation énergique, et il la plaça dans un couvent, où il espérait que la règle assouplirait sa nature. Elle y resta jusqu'à dix-huit ans.

Quand Thérèse revint, elle était très sage et très

grande. Ses parents furent heureux de constater chez elle une piété profonde. À l'église, elle demeurait abîmée, son front entre les mains. Dans la maison, elle mettait un parfum d'innocence et de paix. On lui reprochait un seul défaut : elle était gourmande, elle mangeait du matin au soir des bonbons, qu'elle suçait les yeux demi-clos, avec un petit frisson de ses lèvres rouges. Personne n'aurait reconnu l'enfant muette et entêtée, qui revenait du jardin en lambeaux, sans vouloir dire à quel jeu elle s'était déchirée ainsi. Le marquis et la marquise, cloîtrés depuis quinze ans au fond du grand hôtel vide, crurent devoir rouvrir leur salon. Ils donnèrent quelques dîners à la noblesse du pays. Ils firent même danser. Leur dessein était de marier Thérèse. Et, malgré sa froideur, elle se montrait complaisante, s'habillait et valsait, mais avec un visage si blanc, qu'elle inquiétait les jeunes hommes qui se risquaient à l'aimer.

Jamais Thérèse n'avait reparlé du petit Colombel. Le marquis s'était occupé de lui et venait de le placer chez M° Savournin, après lui avoir fait donner quelque instruction. Un jour, Françoise, ayant amené son fils, le poussa devant elle, en rappelant à la jeune fille son camarade d'autrefois. Colombel était souriant, très propre, sans le moindre embarras. Thérèse le regarda tranquillement, dit qu'elle se souvenait en effet, puis tourna le dos. Mais, huit jours plus tard, Colombel revint, et bientôt il avait repris ses habitudes anciennes. Il entrait chaque soir à l'hôtel, au sortir de son étude, apportait des morceaux de musique, des livres, des albums. On le traitait sans conséquence, on le chargeait des commissions, comme un domestique ou un parent pauvre. Il était une dépendance de la famille. Aussi le laissait-on seul auprès de la jeune fille, sans songer à mal. Comme jadis, ils s'enfermaient ensemble dans les grandes pièces, ils restaient des heures sous les ombrages du jardin. A la vérité, ils n'y jouaient plus les mêmes jeux. Thérèse se promenait lentement, avec le petit bruit de sa robe dans les herbes. Colombel, habillé comme les jeunes gens riches de la ville, l'accompagnait en battant la terre d'une canne souple qu'il portait toujours.

Pourtant, elle redevenait reine et il redevenait esclave. Certes, elle ne le mordait plus, mais elle avait une façon de marcher près de lui, qui, peu à peu, le rapetissait encore, le changeait en un valet de cour, soutenant le manteau d'une souveraine. Elle le torturait par ses humeurs fantasques, s'abandonnait en paroles affectueuses, puis se montrait dure, simplement pour se recréer. Lui, quand elle tournait la tête, coulait sur elle un regard luisant, aigu comme une épée, et toute sa personne de garçon vicieux s'allongeait et guettait, rêvant une traîtrise.

Un soir d'été, sous les ombrages lourds des marronniers, ils se promenaient depuis longtemps, lorsque Thérèse, un instant silencieuse, lui demanda d'un air grave :

— Dites donc, Colombel, je suis lasse. Si vous me portiez, vous vous souvenez, comme autrefois ?

Il eut un léger rire. Puis, très sérieux, il répondit :

— Je veux bien, Thérèse.

Mais elle se remit à marcher, en disant simplement :

— C'est bon, c'était pour savoir.

Ils continuèrent leur promenade. La nuit tombait, l'ombre était noire sous les arbres. Ils causaient d'une dame de la ville qui venait d'épouser un officier. Comme ils s'engageaient dans une allée plus étroite, le jeune homme voulut s'effacer, pour qu'elle passât devant lui ; mais elle le heurta violemment, le força de marcher le premier. Maintenant, tous deux se taisaient.

Et, brusquement, Thérèse sauta sur l'échine de Colombel, avec son ancienne élasticité de gamine féroce.

— Allons, va ! dit-elle, la voix changée, étranglée par sa passion d'autrefois.

Elle lui avait arraché sa canne, elle lui en battait les cuisses. Cramponnée aux épaules, le serrant à l'étouffer entre ses jambes nerveuses d'écuyère, elle le poussait follement dans l'ombre noire des verdures. Longtemps, elle le cravacha, activa sa course. Le galop précipité de Colombel s'étouffait sur l'herbe. Il n'avait pas prononcé une parole, il soufflait fortement, se roidissait sur ses jambes de petit homme, avec cette grande fille dont le poids tiède lui écrasait le cou.

Mais, quand elle lui cria : Assez! il ne s'arrêta pas. Il galopa plus vite, comme emporté par son élan. Les mains nouées en arrière, il la tenait aux jarrets, si fortement, qu'elle ne pouvait sauter. C'était le cheval maintenant qui s'enrageait et qui enlevait la maîtresse. Tout d'un coup, malgré les cinglements de canne et les égratignures, il fila vers un hangar, dans lequel le jardinier serrait ses outils. Là, il la jeta par terre, et il la viola sur de la paille. Enfin, son tour était venu d'être le maître.

Thérèse pâlit davantage, eut les lèvres plus

rouges et les yeux plus noirs. Elle continua sa vie de dévotion. A quelques jours de distance, la scène recommença : elle sauta sur le dos de Colombel, voulut le dompter, et finit encore par être jetée dans la paille du hangar. Devant le monde, elle restait douce pour lui, gardait une condescendance de grande sœur. Lui, était aussi d'une tranquillité souriante. Ils demeuraient, comme à six ans, des bêtes mauvaises, lâchées et s'amusant en secret à se mordre. Aujourd'hui, seulement, le mâle avait la victoire, aux heures troubles du désir.

Leurs amours furent terribles. Thérèse reçut Colombel dans sa chambre. Elle lui avait remis une clef de la petite porte du jardin, qui ouvrait sur la ruelle des remparts. La nuit, il était obligé de traverser une première pièce, dans laquelle couchait justement sa mère. Mais les amants montraient une audace si tranquille, que jamais on ne les surprit. Ils osèrent se donner des rendez-vous en plein jour. Colombel venait avant le dîner, attendu par Thérèse, qui fermait la fenêtre, afin d'échapper aux regards des voisins. A toute heure, ils avaient le besoin de se voir, non pour se dire les tendresses des amants de vingt ans, mais pour reprendre le combat de leur orgueil. Souvent, une querelle les secouait, s'injuriant l'un l'autre à voix basse, d'autant plus tremblants de colère, qu'ils ne pouvaient céder à l'envie de crier et de se battre.

Justement, un soir, avant le dîner, Colombel était venu. Puis, comme il marchait par la chambre, nu-pieds encore et en manches de chemise, il avait eu l'idée de saisir Thérèse, de la soulever ainsi que font les hercules de foire, au début d'une lutte. Thérèse voulut se dégager, en disant :

— Laisse, tu sais que je suis plus forte que toi. Je te ferais du mal.

Colombel eut un petit rire.

— Eh bien ! fais-moi du mal, murmura-t-il.

Il la secouait toujours, pour l'abattre. Alors, elle ferma les bras. Ils jouaient souvent à ce jeu, par un besoin de bataille. Le plus souvent, c'était Colombel qui tombait à la renverse sur le tapis, suffoqué, les membres mous et abandonnés. Il était trop petit, elle le ramassait, l'étouffait contre elle, d'un geste de géante.

Mais, ce jour-là, Thérèse glissa sur les genoux, et Colombel, d'un élan brusque, la renversa. Lui, debout, triomphait.

— Tu vois bien que tu n'es pas la plus forte, dit-il avec un rire insultant.

Elle était devenue livide. Elle se releva lentement, et, muette, le reprit, agitée d'un tel tremblement de colère, que lui-même eut un frisson. Oh! l'étouffer, en finir avec lui, l'avoir là inerte, à jamais vaincu! Pendant une minute, ils luttèrent sans une parole, l'haleine courte, les membres craquant sous leur étreinte. Et ce n'était plus un jeu. Un souffle froid d'homicide battait sur leurs têtes. Il se mit à râler. Elle, craignant qu'on ne les entendît, le poussa dans un dernier et terrible effort. La tempe heurta l'angle de la commode, il s'allongea lourdement par terre.

Thérèse, un instant, respira. Elle ramenait ses cheveux devant la glace, elle défripait sa jupe, en affectant de ne pas s'occuper du vaincu. Il pouvait bien se ramasser tout seul. Puis, elle le remua du pied. Et, comme il ne bougeait toujours pas, elle finit par se pencher, avec un petit froid dans les poils follets de sa nuque. Alors, elle vit le visage de Colombel d'une pâleur de cire, les yeux vitreux, la bouche tordue. A la tempe droite, il y avait un trou; la tempe s'était défoncée contre l'angle de la commode. Colombel était mort.

Elle se releva, glacée. Elle parla tout haut, dans le silence.

— Mort! le voilà mort, à présent!

Et, tout d'un coup, le sentiment de la réalité l'emplit d'une angoisse affreuse. Sans doute, une seconde, elle avait voulu le tuer. Mais c'était bête, cette pensée de colère. On veut toujours tuer les gens, quand on se bat; seulement, on ne les tue jamais, parce que les gens morts sont trop gênants. Non, non, elle n'était pas coupable, elle n'avait pas voulu cela. Dans sa chambre, songez donc !

Elle continuait de parler à voix haute, lâchant des mots entrecoupés.

— Eh bien ! c'est fini... Il est mort, il ne s'en ira pas tout seul.

A la stupeur froide du premier moment, succédait en elle une fièvre qui lui montait des entrailles à la gorge, comme une onde de feu. Elle avait un homme mort dans sa chambre. Jamais elle ne pourrait expliquer comment il était là, les pieds nus, en manches de chemise, avec un trou à la tempe. Elle était perdue.

Thérèse se baissa, regarda la plaie. Mais une terreur l'immobilisa au-dessus du cadavre. Elle entendait Françoise, la mère de Colombel, passer dans le corridor. D'autres bruits s'élevaient, des pas, des voix, les préparatifs d'une soirée qui devait avoir lieu le jour même. On pouvait l'appeler, la venir chercher d'une minute à l'autre. Et ce mort qui était là, cet amant qu'elle avait tué et qui lui retombait sur les épaules, avec le poids écrasant de leur faute !

Alors, étourdie par la clameur qui grandissait sous son crâne, elle se leva et se mit à tourner dans la chambre. Elle cherchait un trou où jeter ce corps qui maintenant lui barrait l'avenir, regardait sous les meubles, dans les coins, toute secouée du tremblement enragé de son impuissance. Non, il n'y avait pas de trou, l'alcôve n'était pas assez profonde, les armoires étaient trop étroites, la chambre entière lui refusait une aide. Et c'était là, pourtant, qu'ils avaient caché leurs baisers ! Il entrait avec son petit bruit de chat vicieux et partait de même. Jamais elle n'aurait cru qu'il pût devenir si lourd.

Thérèse piétinait encore, battait toujours la chambre avec la folie dansante d'une bête traquée, lorsqu'elle crut avoir une inspiration. Si elle jetait Colombel par la fenêtre ? Mais on le trouverait, on devinerait bien d'où il était tombé. Cependant, elle avait soulevé le rideau pour regarder la rue ; et, tout d'un coup, elle aperçut le jeune homme d'en face, l'imbécile qui jouait de la flûte, accoudé à sa fenêtre, avec son air de chien soumis. Elle connaissait bien sa figure blême, sans cesse tournée vers elle, et dont elle était fatiguée, tant elle y lisait de tendresse lâche. La vue de Julien, si humble et si aimant, l'arrêta net. Un sourire éclaira son visage pâle. Le salut était là. L'imbécile d'en face l'aimait d'une tendresse de dogue enchaîné, qui lui obéirait jusqu'au crime. D'ailleurs, elle le récompenserait de tout son cœur, de toute sa chair. Elle ne l'avait pas aimé, parce qu'il était trop doux; mais elle l'aimerait, elle l'achèterait à jamais par le don loyal de son corps, s'il touchait au sang pour elle. Ses lèvres rouges eurent un petit battement, comme à la saveur d'un amour épouvanté dont l'inconnu l'attirait.

Alors, vivement, ainsi qu'elle aurait pris un paquet de linge, elle souleva le corps de Colombel, qu'elle porta sur le lit. Puis, ouvrant la fenêtre, elle envoya des baisers à Julien.

IV

Julien marchait dans un cauchemar. Quand il reconnut Colombel sur le lit, il ne s'étonna pas, il trouva cela naturel et simple. Oui, Colombel seul pouvait être au fond de cette alcôve, la tempe défoncée, les membres écartés, en une pose de luxure affreuse.

Cependant, Thérèse lui parlait longuement. Il n'entendait pas d'abord, les paroles coulaient dans sa stupeur, avec un bruit confus. Puis, il comprit qu'elle lui donnait des ordres, et il écouta. Maintenant, il fallait qu'il ne sortît plus de la chambre, il resterait jusqu'à minuit, à attendre que l'hôtel fût noir et vide. Cette soirée que donnait le marquis, les empêcherait d'agir plus tôt; mais elle offrait en somme des circonstances favorables, elle occupait trop tout le monde pour qu'on songeât à monter chez la jeune fille. L'heure venue, Julien prendrait le cadavre sur son dos, le descendrait et l'irait jeter dans le Chanteclair, au bas de la rue Beau-Soleil. Rien n'était plus facile, à voir la tranquillité avec laquelle Thérèse expliquait tout ce plan.

Elle s'arrêta, puis posant les mains sur les épaules du jeune homme, elle demanda :

— Vous avez compris, c'est convenu ?

Il eut un tressaillement.

— Oui, oui, tout ce que vous voudrez. Je vous appartiens.

Alors, très sérieuse, elle se pencha. Comme il ne comprenait pas ce qu'elle voulait, elle reprit :

— Embrassez-moi.

Il posa en frissonnant un baiser sur son front glacé. Et tous deux gardèrent le silence.

Thérèse avait de nouveau tiré les rideaux du lit. Elle se laissa tomber dans un fauteuil, où elle se reposa enfin, abîmée dans l'ombre. Julien, après être resté un instant debout, s'assit également sur une chaise. Françoise n'était plus dans la pièce voisine, la maison n'envoyait que des bruits sourds, la chambre semblait dormir, peu à peu emplie de ténèbres.

Pendant près d'une heure, rien ne bougea.

Julien entendait, contre son crâne, de grands coups qui l'empêchaient de suivre un raisonnement. Il était chez Thérèse, et cela l'emplissait de félicité. Puis, tout d'un coup, quand il venait à penser qu'il y avait là le cadavre d'un homme, au fond de cette alcôve dont les rideaux, en l'effleurant, lui causaient un frisson, il se sentait défaillir. Elle avait aimé cet avorton, Dieu juste! était-ce possible? Il lui pardonnait de l'avoir tué; ce qui lui allumait le sang, c'étaient les pieds nus de Colombel, les pieds nus de cet homme au milieu des dentelles du lit. Avec quelle joie il le jetterait dans le Chanteclair, au bout du pont, à un endroit profond et noir qu'il connaissait bien! Ils en seraient débarrassés tous les deux, ils pourraient se prendre ensuite. Alors, à la pensée de ce bonheur qu'il n'osait rêver le matin, il se voyait brusquement sur le lit, à la place même où gisait le cadavre, et la place était froide, et il éprouvait une répugnance terrifiée.

Renversée au fond du fauteuil, Thérèse ne remuait pas. Sur la clarté vague de la fenêtre, il voyait simplement la tache haute de son chignon. Elle restait le visage entre les mains, sans qu'il fût possible de connaître le sentiment qui l'anéantissait ainsi. Était-ce une simple détente physique, après l'horrible crise qu'elle venait de traverser? Était-ce un remords écrasé, un regret de cet amant endormi du dernier sommeil? S'occupait-elle tranquillement de mûrir son plan de salut, ou bien cachait-elle le ravage de la peur sur sa face noyée d'ombre? Il ne pouvait le deviner.

La pendule sonna, au milieu du grand silence. Alors, Thérèse se leva lentement, alluma les bougies de sa toilette; et elle apparut dans son beau calme accoutumé, reposée et forte. Elle semblait avoir oublié le corps vautré derrière les rideaux de soie rose, allant et venant du pas tranquille d'une personne qui s'occupe, dans l'intimité close de sa chambre. Puis, comme elle dénouait ses cheveux, elle dit sans même se retourner:

— Je vais m'habiller pour cette fête... Si l'on venait, n'est-ce pas? vous vous cacheriez au fond de l'alcôve.

Il restait assis, il la regardait. Elle le traitait déjà en amant, comme si la complicité sanglante qu'elle mettait entre eux, les eût habitués l'un à l'autre, dans une longue liaison.

Les bras levés, elle se coiffa. Il la regardait toujours avec un frisson, tant elle était désirable, le dos nu, remuant paresseusement dans l'air ses coudes délicats et ses mains effilées, qui enroulaient des boucles. Voulait-elle donc le séduire, lui montrer l'amante qu'il allait gagner, afin de le rendre brave?

Elle venait de se chausser, lorsqu'un bruit de pas se fit entendre.

— Cachez-vous dans l'alcôve, dit-elle à voix basse.

Et, d'un mouvement prompt, elle jeta sur le cadavre raidi de Colombel tout le linge qu'elle avait quitté, un linge tiède encore, parfumé de son odeur.

Ce fut Françoise qui entra, en disant :

— On vous attend, mademoiselle.

— J'y vais, ma bonne, répondit paisiblement Thérèse. Tiens! tu vas m'aider à passer ma robe.

Julien, par un entrebâillement des rideaux, les apercevait toutes les deux, et il frémissait de l'audace de la jeune fille, ses dents claquaient si fort, qu'il s'était pris la mâchoire dans son poing, pour qu'on n'entendît pas. A côté de lui, sous la chemise de femme, il voyait pendre l'un des pieds glacés de Colombel. Si Françoise, si la mère avait tiré le rideau et s'était heurtée au pied de son enfant, ce pied nu qui passait!

— Prends bien garde, répétait Thérèse, va doucement : tu arraches les fleurs.

Sa voix n'avait pas une émotion. Elle souriait maintenant, en fille heureuse d'aller au bal. La robe était une robe de soie blanche, toute garnie de fleurs d'églantier, des fleurs blanches au cœur teinté d'une pointe de rouge. Et, quand elle se tint debout au milieu de la pièce, elle fut comme un grand bouquet, d'une blancheur virginale. Ses bras nus, son cou nu continuaient la blancheur de la soie.

— Oh! que vous êtes belle! que vous êtes belle! répétait complaisamment la vieille Françoise. Et votre guirlande, attendez!

Elle parut chercher, porta la main aux rideaux, comme pour regarder sur le lit. Julien faillit laisser échapper un cri d'angoisse. Mais Thérèse, sans se presser, toujours souriante devant la glace, reprit :

— Elle est là, sur la commode, ma guirlande. Donne-la moi... Oh! ne touche pas à mon lit. J'ai mis des affaires dessus. Tu dérangerais tout.

Françoise l'aida à poser la longue branche d'églantier, qui la couronnait, et dont un bout flexible lui tombait sur la nuque. Puis, Thérèse resta là, un instant encore, complaisamment. Elle était prête, elle se gantait.

— Ah bien! s'écria Françoise, il n'y a pas de bonnes-vierges si blanches que vous, à l'église!

Ce compliment fit de nouveau sourire la jeune fille. Elle se contempla une dernière fois et se dirigea vers la porte, en disant :

— Allons, descendons... Tu peux souffler les bougies.

Dans l'obscurité brusque qui régna, Julien entendit la porte se refermer et la robe de Thérèse s'en aller, avec le frôlement de la soie le long du corridor. Il s'assit par terre, au fond de la ruelle, n'osant encore sortir de l'alcôve. La nuit profonde lui mettait un voile devant les yeux ; mais il gardait, près de lui, la sensation de ce pied nu, dont toute la pièce semblait glacée. Il était là depuis un laps de temps qui lui échappait, dans un embarras de pensées lourd comme une somnolence, lorsque la porte fut rouverte. Au petit bruit de la soie, il reconnut Thérèse. Elle ne s'avança pas, elle posa seulement quelque chose sur la commode, en murmurant :

— Tenez, vous ne devez pas avoir dîné... Il faut manger, entendez-vous !

Le petit bruit recommença ; la robe s'en alla une seconde fois, le long du corridor. Julien, secoué, se leva. Il étouffait dans l'alcôve, il ne pouvait plus rester contre ce lit, à côté de Colombel. La pendule sonna huit heures, il avait quatre heures à attendre. Alors, il marcha en étouffant le bruit de ses pas.

Une clarté faible, la clarté de la nuit étoilée, lui permettait de distinguer les taches sombres des meubles. Certains coins se noyaient. Seule, la glace gardait un reflet éteint de vieil argent. Il n'était pas peureux d'habitude; mais, dans cette chambre, des sueurs, par moments, lui inondaient la face. Autour de lui, les masses noires des meubles remuaient, prenaient des formes menaçantes. Trois fois, il crut entendre des soupirs sortir de l'alcôve. Et il s'arrêtait, terrifié. Puis, quand il prêtait mieux l'oreille, c'étaient des bruits de fête qui montaient, un air de danse, le murmure rieur d'une foule. Il fermait les yeux; et, brusquement, au lieu du trou noir de la chambre, une grande lumière éclatait, un salon flambant, où il apercevait Thérèse, avec sa robe pure, passer sur un rythme amoureux, entre les bras d'un valseur. Tout l'hôtel vibrait d'une musique heureuse. Il était seul, dans ce coin abominable, à grelotter d'épouvante. Un moment, il recula, les cheveux hérissés : il lui semblait voir une lueur s'allumer sur un siége. Lorsqu'il osa s'approcher et toucher, il reconnut un corset de satin blanc. Il le prit, enfonça son visage dans l'étoffe assouplie par la gorge d'amazone de la jeune fille, respira longuement son odeur, pour s'étourdir.

Oh! quelles délices! Il voulait tout oublier. Non, ce n'était pas une veillée de mort, c'était une veillée d'amour. Il vint appuyer le front contre les vitres, en gardant aux lèvres le corset de satin; et il recommença l'histoire de son cœur. En face, de l'autre côté de la rue, il apercevait sa chambre dont les fenêtres étaient restées ouvertes. C'était là qu'il avait séduit Thérèse dans ses longues soirées de musique dévote. Sa flûte chantait sa tendresse, disait ses aveux, avec un tremblement de voix si doux d'amant timide, que la jeune fille, vaincue, avait fini par sourire. Ce satin qu'il baisait, était un satin à elle, un coin du satin de sa peau, qu'elle lui avait laissé, pour qu'il ne s'impatientât pas. Son rêve devenait si net, qu'il quitta la fenêtre et courut à la porte, croyant l'entendre.

Le froid de la pièce tomba sur ses épaules; et, dégrisé, il se souvint. Alors, une décision furieuse le prit. Ah! il n'hésitait plus, il reviendrait la nuit même. Elle était trop belle, il l'aimait trop. Quand on s'aime dans le crime, on doit s'aimer d'une passion dont les os craquent. Certes, il reviendrait, et en courant, et sans perdre une minute, aussitôt le paquet jeté à la rivière. Et, fou, secoué par une crise nerveuse, il mordait le corset de satin, il roulait sa tête dans l'étoffe, pour étouffer ses sanglots de désir.

Dix heures sonnèrent. Il écouta. Il croyait être là depuis des années. Alors, il attendit dans l'hébétement. Ayant rencontré sous sa main du pain et des fruits, il mangea debout, avidement, avec une douleur à l'estomac qu'il ne pouvait apaiser. Cela le rendrait fort, peut-être. Puis, quand il eut mangé, il fut pris d'une lassitude immense. La nuit lui semblait devoir s'étendre à jamais. Dans l'hôtel, la musique lointaine se faisait plus claire; le branle d'une danse secouait par moments le parquet; des voitures commençaient à rouler. Et il regardait fixement la porte, lorsqu'il aperçut comme une étoile, dans le trou de la serrure. Il ne se cacha même pas. Tant pis, si quelqu'un entrait!

—Non, merci, Françoise, dit Thérèse, en paraissant avec une bougie. Je me déshabillerai bien toute seule... Couche-toi, tu dois être fatiguée.

Elle repoussa la porte, dont elle fit glisser le verrou. Puis, elle resta un instant immobile, un doigt sur les lèvres, gardant à la main le bougeoir. La danse n'avait pas fait monter une rougeur à ses joues. Elle ne parla pas, posa le bougeoir, s'assit en face de Julien. Pendant une demi-heure encore, ils attendirent, ils se regardèrent.

Les portes avaient battu, l'hôtel s'endormait. Mais ce qui inquiétait Thérèse, c'était surtout le voisinage de Françoise, cette chambre où logeait la vieille femme. Françoise marcha quelques minutes, puis son lit craqua, elle venait de se coucher. Longtemps, elle tourna entre ses draps, comme prise d'insomnie. Enfin une respiration forte et régulière vint à travers la cloison.

Thérèse regardait toujours Julien, gravement. Elle ne prononça qu'un mot.

— Allons, dit-elle.

Ils tirèrent les rideaux, ils voulurent rhabiller le cadavre du petit Colombel, qui avait déjà des raideurs de pantin lugubre. Quand cette besogne fut faite, leurs tempes à tous deux étaient mouillées de sueur.

— Allons! dit-elle une seconde fois.

Julien, sans une hésitation, d'un seul effort, saisit le petit Colombel, et le chargea sur ses épaules, comme les bouchers chargent les veaux. Il courbait son grand corps, les pieds du cadavre étaient à un mètre du sol.

— Je marche devant vous, murmura rapidement Thérèse. Je vous tiens par votre paletot, vous n'aurez qu'à vous laisser guider. Et avancez doucement.

Il fallait passer d'abord par la chambre de Françoise. C'était l'endroit terrible. Ils avaient traversé la pièce, lorsque l'une des jambes du cadavre alla heurter une chaise. Au bruit, Françoise se réveilla. Ils l'entendirent qui levait la tête, en mâchant de sourdes paroles. Et ils restaient immobiles, elle collée à la porte, lui écrasé sous le poids du corps, avec la peur que la mère ne les surprît charriant son fils à la rivière. Ce fut une minute d'une angoisse atroce. Puis, Françoise parut se rendormir, et ils s'engagèrent dans le corridor, prudemment.

Mais, là, une autre épouvante les attendait. La marquise n'était pas couchée, un filet de lumière glissait par sa porte entr'ouverte. Alors, ils n'osèrent plus ni avancer ni reculer. Julien sentait que le petit Colombel lui échapperait des épaules, s'il était forcé de traverser une seconde fois la chambre de Françoise. Pendant près d'un quart d'heure, ils ne bougèrent plus; et Thérèse avait l'effroyable courage de soutenir le cadavre, pour que Julien ne se fatiguât pas. Enfin le filet de lumière s'effaça, ils purent gagner le rez-de-chaussée. Ils étaient sauvés.

Ce fut Thérèse qui entrebâilla de nouveau l'ancienne porte cochère condamnée. Et, quand Julien se trouva au milieu de la place des Quatre-Femmes, avec son fardeau, il l'aperçut debout, en haut du perron, les bras nus, toute blanche dans sa robe de bal. Elle l'attendait.

V

Julien était d'une force de taureau. Tout jeune, dans la forêt voisine de son village, il s'amusait à aider les bûcherons, il chargeait des troncs d'arbre sur son échine d'enfant. Aussi portait-il le petit Colombel aussi légèrement qu'une plume. C'était un oiseau sur son cou, ce cadavre d'avorton. Il le sentait à peine, il était pris d'une joie mauvaise, à le trouver si peu lourd, si mince, si rien du tout. Le petit Colombel ne ricanerait plus en passant sous sa fenêtre, les jours où il jouerait de la flûte; il ne le criblerait plus de ses plaisanteries, dans la ville. Et, à la pensée qu'il tenait là un rival heureux, raide et froid, Julien éprouvait le long des reins un frémissement de satisfaction. Il le remontait sur sa nuque d'un coup d'épaule, il serrait les dents et hâtait le pas.

La ville était noire. Cependant, il y avait de la lumière sur la place des Quatre-Femmes, à la fenêtre du capitaine Pidoux; sans doute le capitaine se trouvait indisposé, on voyait le profil élargi de son ventre aller et venir derrière les rideaux. Julien, inquiet, filait le long des maisons d'en face, lorsqu'une légère toux le glaça. Il s'arrêta dans le creux d'une porte, il reconnut la femme du notaire Savournin, qui prenait l'air, en regardant les étoiles avec de gros soupirs. C'était une fatalité; d'ordinaire, à cette heure, la place des Quatre-Femmes dormait d'un sommeil profond. Madame Savournin, heureusement, alla retrouver enfin sur l'oreiller maître Savournin, dont les ronflements sonores s'entendaient du pavé, par la fenêtre ouverte. Et, quand cette fenêtre fut refermée, Julien traversa vivement la place, en guettant toujours le profil tourmenté et dansant du capitaine Pidoux.

Pourtant, il se rassura, dans l'étranglement de la rue Beau-Soleil. Là, les maisons étaient si rapprochées, la pente du pavé si tortueuse, que la clarté des étoiles ne descendait pas au fond de ce boyau, où semblait s'alourdir une coulée d'ombre. Dès qu'il se vit ainsi abrité, une irrésistible envie de courir l'emporta brusquement dans un galop furieux. C'était dangereux et stupide, il en avait la conscience très nette; mais il ne pouvait s'empêcher de galoper, il sentait encore derrière lui le carré vide et clair de la place des Quatre-Femmes, avec les fenêtres de la notaresse et du capitaine, allumées comme deux grands yeux qui le regardaient. Ses souliers faisaient sur le pavé un tapage tel, qu'il se croyait poursuivi. Puis, tout d'un coup, il s'arrêta. A trente mètres, il venait d'entendre les voix des officiers de la table d'hôte qu'une veuve blonde tenait rue Beau-Soleil. Ces messieurs devaient s'être offert un punch, pour fêter la permutation de quelque camarade. Le jeune homme se disait que, s'ils remontaient la rue, il était perdu; aucune rue latérale ne lui permettait de fuir, et il n'aurait certainement pas le temps de retourner en arrière. Il écoutait la cadence des bottes et le léger cliquetis des épées, pris d'une anxiété qui l'étranglait. Pendant un instant, il ne put se rendre compte si les bruits se rapprochaient ou s'éloignaient. Mais ces bruits, lentement, s'affaiblirent. Il attendit encore, puis il se décida à continuer sa marche, en étouffant ses pas. Il aurait marché pieds nus, s'il avait osé prendre le temps de se déchausser.

Enfin, Julien déboucha devant la porte de la ville.

On ne trouve là ni octroi, ni poste d'aucune sorte. Il pouvait donc passer librement. Mais le brusque élargissement de la campagne le terrifia, au sortir de l'étroite rue Beau-Soleil. La campagne était toute bleue, d'un bleu très doux; une haleine fraîche soufflait; et il lui sembla qu'une foule immense l'attendait et lui envoyait son souffle au visage. On le voyait, un cri formidable allait s'élever et le clouer sur place.

Cependant, le pont était là. Il distinguait la route blanche, les deux parapets, bas et gris comme des bancs de granit; il entendait la petite musique cristalline du Chanteclair, dans les hautes herbes. Alors, il se hasarda, il marcha courbé, évitant les espaces libres, craignant d'être aperçu des mille témoins muets qu'il sentait autour de lui. Le passage le plus effrayant était le pont lui-même, sur lequel il se trouverait à découvert, en face de toute la ville, bâtie en amphithéâtre. Et il voulait aller au bout du pont, à l'endroit où il s'asseyait d'habitude, les jambes pendantes, pour respirer la fraîcheur des belles soirées. Le Chanteclair avait, dans un grand trou, une nappe dormante et noire, creusée de petites fossettes rapides par la tempête intérieure d'un violent tourbillon. Que de fois il s'était amusé à lancer des pierres dans cette nappe, pour mesurer aux bouillons de l'eau la profondeur du trou! Il eut une dernière tension de volonté, il traversa le pont.

Oui, c'était bien là. Julien reconnaissait la dalle, polie par ses longues stations. Il se pencha, il vit la nappe avec les fossettes rapides qui dessinaient des sourires. C'était là, et il se déchargea sur le parapet. Avant de jeter le petit Colombel, il avait un irrésistible besoin de le regarder une dernière fois. Les yeux de tous les bourgeois de la ville, ouverts sur lui, ne l'auraient pas empêché de se satisfaire. Il resta quelques secondes face à face avec le cadavre. Le trou de la tempe avait noirci. Une charrette, au loin, dans la campagne endormie, faisait un bruit de gros sanglots. Alors, Julien se hâta ; et, pour éviter un plongeon trop bruyant, il reprit le corps, l'accompagna dans sa chute. Mais il ne sut comment, les bras du mort se nouèrent autour de son cou, si rudement, qu'il fût entraîné lui-même. Il se rattrapa par miracle à une saillie. Le petit Colombel avait voulu l'emmener.

Lorsqu'il se retrouva assis sur la dalle, il fut pris d'une faiblesse. Il demeurait là, brisé, l'échine pliée, les jambes pendantes, dans l'attitude molle de promeneur fatigué qu'il y avait eue si souvent. Et il contemplait la nappe dormante, où reparaissaient les rieuses fossettes. Cela était certain, le petit Colombel avait voulu l'emmener; il l'avait serré au cou, tout mort qu'il était. Mais rien de ces choses n'existait plus; il respirait largement l'odeur fraîche de la campagne; il suivait des yeux le reflet d'argent de la rivière, entre les ombres veloutées des arbres; et ce coin de nature lui semblait comme une promesse de paix, de bercement sans fin, dans une jouissance discrète et cachée.

Puis, il se rappela Thérèse. Elle l'attendait, il en était sûr. Il la voyait toujours en haut du perron ruiné, sur le seuil de la porte dont la mousse mangeait le bois. Elle restait toute droite, avec sa robe de soie blanche, garnie de fleurs d'églantier au cœur teinté d'une pointe de rouge. Peut-être pourtant le froid l'avait-il prise. Alors, elle devait être remontée l'attendre dans sa chambre. Elle avait laissé la porte ouverte, elle s'était mise au lit comme une mariée, le soir des noces.

Ah! quelle douceur! Jamais une femme ne l'avait attendu ainsi. Encore une minute, il serait au rendez-vous promis. Mais ses jambes s'engourdissaient, il craignait de s'endormir. Était-il donc un lâche? Et, pour se secouer, il évoquait Thérèse à sa toilette, lorsqu'elle avait laissé tomber ses vêtements. Il la revoyait les bras levés, la gorge tendue, agitant en l'air ses coudes délicats et ses mains pâles. Il se fouettait de ses souvenirs, de l'odeur qu'elle exhalait, de sa peau souple, de cette chambre d'épouvantable volupté où il avait bu une ivresse folle. Est-ce qu'il allait renoncer à toute cette passion offerte, dont il avait un avant-goût qui lui brûlait les lèvres? Non, il se traînerait plutôt sur les genoux, si ses jambes refusaient de le porter.

Mais c'était là une bataille perdue déjà, dans laquelle son amour vaincu achevait d'agoniser. Il n'avait plus qu'un besoin irrésistible, celui de dormir, dormir toujours. L'image de Thérèse pâlissait, un grand mur noir montait, qui le séparait d'elle. Maintenant, il ne lui aurait pas effleuré du doigt une épaule, sans en mourir. Son désir expirant avait une odeur de cadavre. Cela devenait impossible, le plafond se serait écroulé sur leurs têtes, s'il était rentré dans la chambre et s'il avait pris cette fille contre sa chair.

Dormir, dormir toujours, que cela devait être bon, quand on n'avait plus rien en soi qui valût le plaisir de veiller! Il n'irait plus le lendemain à la poste, c'était inutile; il ne jouerait plus de la flûte, il ne se mettrait plus à la fenêtre. Alors, pourquoi ne pas dormir tout le temps? Son existence était finie, il pouvait se coucher. Et il regardait de nouveau la rivière, en tâchant de voir si le petit Colombel se trouvait encore là. Colombel était un garçon plein d'intelligence : il savait pour sûr ce qu'il faisait, quand il avait voulu l'emmener.

La nappe s'étalait, trouée par les rires rapides de ses tourbillons. Le Chanteclair prenait une douceur musicale, tandis que la campagne avait un élargissement d'ombre d'une paix souveraine. Julien balbutia trois fois le nom de Thérèse. Puis, il se laissa tomber, roulé sur lui-même, comme un paquet, avec un grand rejaillissement d'écume. Et le Chanteclair reprit sa chanson dans les herbes.

Lorsqu'on retrouva les deux corps, on crut à une bataille, on inventa une histoire. Julien devait avoir guetté le petit Colombel, pour se venger de ses moqueries ; et il s'était jeté dans la rivière, après l'avoir tué d'un coup de pierre à la tempe. Trois mois plus tard, mademoiselle Thérèse de Marsanne épousait le jeune comte de Véteuil. Elle était en robe blanche, elle avait un beau visage calme, d'une pureté hautaine.

AUX CHAMPS

AUX CHAMPS

LA BANLIEUE

I

Les Parisiens montrent aujourd'hui un goût immodéré pour la campagne. A mesure que Paris s'est agrandi, les arbres ont reculé, et les habitants, sevrés de verdure, ont vécu dans le continuel rêve de posséder, quelque part, un bout de champ à eux.

Les plus pauvres trouvent le moyen d'installer un jardin sur leurs fenêtres; ce sont quelques pots de fleurs qu'une planche retient; des pois de senteur et des haricots d'Espagne montent, font un berceau. On loge ainsi le printemps chez soi, à peu de frais. Et quelle joie, lorsqu'on a des fenêtres ouvrant sur un des rares jardins que la pioche des démolisseurs a épargnés! Mais le plus grand nombre désespère de cette heureuse chance. Le dimanche, la population, qui étouffe, en est réduite à faire plusieurs kilomètres à pied, pour aller voir la campagne, du haut des fortifications.

II

Cette promenade aux fortifications est la promenade classique du peuple ouvrier et des petits bourgeois. Je la trouve attendrissante, car les Parisiens ne sauraient donner une preuve plus grande de leur passion malheureuse pour l'herbe et les vastes horizons.

Ils ont suivi les rues encombrées, ils arrivent éreintés et suants, dans le flot de poussière que leurs pieds soulèvent; et ils s'asseoient en famille sur le gazon brûlé du talus, en plein soleil, parfois à l'ombre grêle d'un arbre souffreteux, rongé de chenilles. Derrière eux, Paris gronde, écrasé sous la chaleur de juillet; le chemin de fer de ceinture siffle furieusement, tandis que, dans les terrains vagues, des industries louches empoisonnent l'air. Devant eux, s'étend la zone militaire, nue, déserte, blanche de gravats, à peine égayée de loin en loin par un cabaret en planches. Des usines dressent leurs hautes cheminées de briques, qui coupent le paysage et le salissent de longs panaches de fumée noire.

Mais, qu'importe! par delà les cheminées, par delà les terrains dévastés, les braves gens aperçoivent les coteaux lointains, des prés qui font des taches vertes, grandes comme des nappes, des arbres nains qui ressemblent aux arbres en papier frisé des ménageries d'enfant; et cela leur suffit, ils sont enchantés, ils regardent la nature, à deux ou trois lieues. Les hommes retirent leurs vestes, les femmes se couchent sur leurs mouchoirs étalés; tous restent là jusqu'au soir, à s'emplir la poitrine du vent qui a passé sur les bois. Puis, quand ils rentrent dans la fournaise des rues, ils disent sans rire : « Nous revenons de la campagne. »

Je ne connais rien de si laid ni de plus sinistre que cette première zone entourant Paris. Toute grande ville se fait ainsi une ceinture de ruines. A mesure que les pavés avancent, la campagne recule, et il y a, entre les rues qui finissent et l'herbe qui commence, une région ravagée, une nature massacrée dont les quartiers nouveaux n'ont pas encore caché les plaies. Ce sont des tas de décombres, des trous à fumier où des tombereaux vident des immondices, des clôtures à demi arrachées, des carrés de jardins maraîchers dont les légumes poussent dans les eaux d'égout, des constructions branlantes, faites de terre et de planches, qu'un coup de pioche enfoncerait. Paris semble ainsi jeter continuellement son écume à ses bords.

On trouve là toute la saleté et tout le crime de la grande ville. L'ordure vient s'y mûrir au soleil. La misère y apporte sa vermine. Quelques beaux arbres restent debout, comme des dieux tranquilles et forts, oubliés dans cette ébauche monstrueuse de cité qui s'indique.

Certains coins sont surtout inquiétants. Je citerai la plaine de Montrouge, d'Arcueil à Vanves. Là s'ouvrent d'anciennes carrières, qui ont bouleversé le sol; et, au-dessus de la plaine nue, de treuils, des roues immenses se dressent sur l'horizon, avec des profils de gibets et de guillotines. Le sol est crayeux, la poussière a mangé l'herbe, on suit des routes défoncées, creusées d'ornières profondes, au milieu de précipices que les eaux de pluie changent en mares saumâtres. Je ne connais pas un horizon plus désolé, d'une mélancolie plus désespérée, à l'heure où le soleil se couche, en allongeant les ombres grêles des grands treuils.

De l'autre côté de la ville, au nord, il y a aussi des coins de tristesse navrants. Les faubourgs populeux, Montmartre, la Chapelle, la Villette, viennent y mourir, dans un étalage de misère effroyable. Ce n'est pas la plaine nue, la laideur d'un sol ravagé; c'est l'ordure humaine, le grouillement d'une population de meurt-de-faim. Des masures effondrées alignent des bouts de ruelles; du linge sale pend aux fenêtres; des enfants en guenilles se roulent dans les bourbiers. Seuil épouvantable de Paris, où toutes les boues s'amassent, et sur lequel un étranger s'arrêterait en tremblant.

Je me souviens, étant jeune, d'être arrivé à Paris par les diligences, et d'avoir éprouvé là une des plus cruelles déceptions de ma vie. Je m'attendais à une succession de palais, et pendant près d'une lieue, la lourde voiture roulait entre des constructions borgnes, des cabarets, des maisons suspectes, toute une bourgade, jetée aux deux bords. Puis, on s'enfonçait dans des rues noires. Paris se montrait plus étranglé et plus sombre que la petite ville qu'on venait de quitter.

III

Si les pauvres gens font leurs délices du fossé des fortifications, les petits employés, même les ouvriers à leur aise, poussent leurs promenades plus loin. Ceux-là vont jusqu'aux premiers bois de la banlieue. Ils gagnent même la vraie campagne, grâce aux nombreux moyens de locomotion dont ils disposent aujourd'hui. Nous sommes loin des coucous de Versailles. Outre les chemins de fer, il y a les bateaux à vapeur de la Seine, les omnibus, les tramways, sans compter les fiacres. Le dimanche, c'est un écrasement; par certains dimanches de soleil, on a calculé que près d'un quart de la population, cinq cent mille personnes, prenaient d'assaut les voitures et les wagons, et se répandaient dans la campagne. Des ménages emportent leur dîner et mangent sur l'herbe. On rencontre des bandes joyeuses, des couples d'amoureux qui se cachent, des promeneurs isolés, flânant, une baguette à la main. Derrière chaque buisson, il y a une société. Le soir, les cabarets flamboient, on entend des rires monter dans la nuit claire.

Il y aurait une curieuse étude à écrire, celle du goût de la campagne chez les Parisiens. L'engouement n'a pas toujours été le même. Non seulement les moyens de transport manquaient, ce qui restreignait naturellement le nombre des promeneurs; mais encore l'amour des longues courses n'était pas venu. Il y a cent ans, à peine connaissait-on quelques points de la banlieue. Beaucoup de trous charmants, d'adorables villages perdus sous les feuilles, dormaient dans leur virginité.

Au dix-septième siècle et au dix-huitième, la campagne plaisait médiocrement. On la tolérait arrangée, pomponnée, mise comme un décor savant autour de châteaux princiers. La petite propriété n'existait pas, quelques bourgeois enrichis osaient seuls se faire construire des maisons champêtres. On aurait vainement cherché les champs morcelés de notre époque, les lopins de terre distribués entre mille mains, les centaines de petites maisons, chacune avec son jardin enclos de murs. Il a fallu la Révolution pour créer, autour de Paris, ce nombre incalculable de villas bourgeoises, bâties sur les lots des grands parcs d'autrefois.

Nos pères n'aimaient donc pas la campagne, ou

du moins ne l'aimaient pas à notre façon. La littérature, qui est l'écho des mœurs, reste muette au dix-septième siècle sur cette tendresse pour la nature, qui nous a pris vers la fin du dix-huitième siècle, et qui, depuis lors, n'a fait que grandir. Si nous cherchons, dans les livres de l'époque, des renseignements sur la banlieue et sur les plaisirs que les Parisiens allaient y goûter, nous n'y trouvons presque rien. On en reste au fameux vers de madame Deshoulières, parlant des « bords fleuris qu'arrose la Seine » ; et ces « bords fleuris » sont tout ce que le siècle dit de ces rives enchanteresses du fleuve, dont les moindres villages sont célèbres à cette heure. La Fontaine lui-même, le poète qui, de son temps, a le plus senti la nature, n'a pas un vers pour la banlieue parisienne; on en trouve bien chez lui le lointain parfum, mais il n'y faut point chercher la moindre note exacte et précise.

L'explication est simple. On ne parlait pas alors de la nature dans les livres, parce qu'elle n'avait pas encore été humanisée, et qu'on la tenait à l'écart, comme inférieure et indifférente. Cela ne voulait pas dire qu'on la détestât; on la goûtait certainement, on s'y promenait, mais sans donner aux arbres une importance qui allât jusqu'à parler d'eux. Il fallait que Rousseau vînt pour qu'un attendrissement universel se déclarât, et pour qu'on se mît à embrasser les chênes comme des frères. Aujourd'hui, notre passion des champs nous vient de ce grand mouvement naturaliste du dix-huitième siècle. Nous voulons la campagne dans sa rudesse, nous y fuyons la ville, au lieu d'y emporter la ville avec nous.

Rousseau est donc l'initiateur. Après lui, le romantisme donna une âme à la nature. Plus tard, avec Chateaubriand, Lamartine, Victor Hugo, on entra dans un panthéisme poétique, où sanglotait la fraternité des êtres et des choses. L'art antique avait divinisé la nature, l'art moderne l'a humanisée, tandis que notre art classique la passait tout simplement sous silence. Pourtant, Lamartine, si je ne me trompe, n'a pas écrit un vers sur la banlieue parisienne, et Victor Hugo en a parlé avec son effarement de prophète. Il faut dire que les environs de Paris, si intimes et si souriants, ne sont guère faits pour la poésie lyrique.

IV

Il est un conteur beaucoup plus modeste et presque déjà oublié, dont les livres ont singulièrement popularisé la banlieue. Je veux parler de Paul de Kock. C'est certainement lui qui a le plus travaillé à pousser le menu peuple hors des fortifications. Sans doute, de son temps, l'élan existait déjà; mais il fit une mode des parties de campagne qu'il racontait, il donna la vogue à certains coins de verdure et de soleil. Certes, la qualité littéraire de ses romans n'est pas grande. Seulement, que de bonhomie, et comme on sent qu'il peint des scènes vraies, sous l'exagération comique! Ce n'est plus le poëte lyrique, à genoux devant les grands bois; c'est le bourgeois parisien qui traite la campagne en bonne femme, et qui lui demande avant tout de la liberté et du plein air. La note exacte de la banlieue sous Louis-Philippe se trouve là.

Rien n'est curieux comme de chercher, dans Paul de Kock, ce qu'étaient les bois de Boulogne et de Vincennes, il y a cinquante ans. On y voit des parties à ânes, des dîners sur l'herbe; les promeneurs s'y perdent pour tout de bon, et l'on parle d'organiser des battues, quand il s'agit de les retrouver. Certes, les choses ont changé aujourd'hui. Les ânes font place aux équipages du Paris élégant. On peut encore dîner sur l'herbe, mais on est regardé de travers par les gardiens. Quant à se perdre, il faudrait y mettre de la bonne volonté, car on a nettoyé les fourrés, coupé les taillis, percé des avenues, transformé les clairières en pelouses. La fameuse mare d'Auteuil, dont Paul de Kock parle comme d'un site reculé et sauvage, semble à cette heure être la voisine aristocratique du bassin des Tuileries.

Mais le coin de prédilection du romancier, la banlieue où il ramène toujours ses héros, c'est Romainville. On est là aux portes de Paris, on peut faire cette promenade à pied, en suivant la grande rue de Belleville. Aller à Romainville autrefois était pourtant une plus grosse affaire que d'aller aujourd'hui à Mantes ou à Fontainebleau. Et quels changements encore de ce côté! Paul de Kock parle avec attendrissement d'une véritable forêt de lilas. La forêt a été rasée, pour laisser passer Paris, qui avance toujours; on ne trouve plus qu'une vaste plaine nue, où de laides constructions ont poussé, le long des routes. C'est le faubourg, avec son travail et sa misère.

A ce propos, il est à remarquer que la vogue change à peu près tous les cinquante ans, pour les lieux de réjouissances champêtres. Que de chansons on a rimées sur Romainville, aujourd'hui si désert et si muet! Robinson, un groupe de guinguettes, a remplacé Romainville, dans les commencements du second Empire. Et, à cette heure, Robinson lui-même pâlit, la mode va sauter ailleurs. Je citerai aussi Asnières et Bougival, dont il n'est jamais question dans Paul de Kock, et qui sont si encombrés de nos jours.

Après Paul de Kock, toute une bande de peintres est venue, et ce sont réellement eux qui ont découvert la banlieue parisienne. Cette découverte se rattache à l'histoire de notre école naturaliste de paysage. Lorsque Français, Corot, Daubigny abandonnèrent la formule classique, pour peindre sur nature, ils partirent bravement, le sac au dos et le bâton à la main, en quête de nouveaux horizons. Et ils n'eurent pas à aller loin, ils tombèrent tout de suite sur des pays délicieux.

Ce fut Français et quelques-uns de ses amis qui découvrirent Meudon. Personne encore ne s'était douté du charme des rives de la Seine.

Plus tard, Daubigny explora le fleuve tout entier, depuis Meudon jusqu'à Mantes; et que de trouvailles, le long du chemin : Chatou, Bougival, Maisons-Laffitte, Conflans, Andrésy! Les Parisiens ignoraient même alors les noms de ces villages. Quinze ans plus tard, une telle cohue s'y pressait, que les peintres devaient fuir. C'est ainsi que Daubigny, chassé de la Seine, remonta l'Oise et s'établit à Auvers, entre Pontoise et l'Ile-Adam. Corot s'était contenté de Ville-d'Avray, où il avait des étangs et de grands arbres.

Ainsi, la banlieue parisienne se révélait davantage à chaque Salon de peinture. Il y avait là non seulement une évolution artistique, mais encore une protestation contre les gens qui allaient chercher très loin de beaux horizons, lorsqu'ils en avaient de ravissants sous la main. Et quel étonnement dans le public! Comment! aux portes de Paris, on trouvait de si aimables paysages! Personne ne les avait vus jusque-là, on se lança de plus en plus dans ce nouveau monde, et à chaque pas ce furent des surprises heureuses. La grande banlieue était conquise.

V

Le cri de Paris est un continuel cri de liberté. La ville craque dans sa ceinture trop étroite ; elle regarde sans cesse à l'horizon, essoufflée, demandant du soleil et du vent. Son rêve semble être de changer la plaine en un jardin de plaisance, où elle se promènerait le soir, après sa besogne achevée. C'est une poussée universelle qui va grandissant chaque année, et qui finira par faire de la banlieue un simple prolongement de nos boulevards, plantés d'arbres maigres.

LE BOIS

I

Je me souviens des grandes courses que nous faisions, Paul et moi, il y a vingt ans, au bois de Verrières. Paul était peintre. Moi, j'étais alors employé dans une librairie, très pauvre, parfaitement inconnu. Je rimais des vers, à cette époque, de mauvais vers qui dorment au fond d'un tiroir le bon sommeil du néant. Dès le lundi, je rêvais le dimanche, avec la passion d'un garçon de vingt ans élevé au grand air, et que sa vie enfermée d'employé désespérait. Autrefois, dans les environs d'Aix, nous avions battu les routes, couru le pays pendant des lieues, couché à la belle étoile. A Paris, nous ne pouvions renouveler ces longues marches, car il fallait songer à l'heure inexorable du bureau, qui revenait si vite. Nous partions donc par le premier train du dimanche, pour être de grand matin hors des fortifications.

II

C'était une affaire. Paul emportait tout un attirail de peintre. Moi, j'avais simplement un livre dans la poche. Le train côtoyait la Bièvre, cette rivière puante, qui roule les eaux rousses des tanneries voisines. On traversait la plaine désolée de Montrouge, où se dressent les carcasses des grands treuils, nus sur l'horizon. Puis, Bicêtre apparaissait au flanc d'un coteau, en face, derrière des peupliers. La tête à la portière, nous respirions largement les premières odeurs d'herbe. C'était pour nous l'oubli de tout, l'oubli de Paris, l'entrée dans le paradis rêvé pendant les six jours de la semaine.

Nous descendions à la station de Fontenay-aux-Roses. On trouve là une magnifique allée d'arbres. Puis, nous coupions à travers champs, ayant découvert un sentier, au bord d'un ruisseau. C'était exquis. A droite, à gauche, il y avait des champs de fleurs, des champs d'héliotropes et de roses surtout. Le pays est peuplé de jardiniers qui font pousser des fleurs, comme les paysans font ailleurs pousser le blé. On marche dans un parfum pénétrant, tandis que des femmes moissonnent les roses, les giroflées, les œillets, que des voitures emportent à Paris.

Vers huit heures, cependant, nous arrivions chez la mère Sens. Je crois que la bonne femme est morte aujourd'hui. La mère Sens tenait un cabaret, entre Fontenay-aux-Roses et Robinson. Toute une légende courait sur l'établissement. Une bande de peintres réalistes, vers 1845, l'avait mis à la mode. Courbet y régna un moment; on prétendait même que la grande enseigne de la porte, un écroulement de viandes, de volailles et de légumes, était en partie due à son pinceau. En tout cas, c'était un aimable cabaret, qui alignait ses bosquets sous des arbres superbes, des bosquets d'une fraîcheur délicieuse, où l'on buvait du petit vin aigre dans des pots de terre, et où l'on mangeait des gibelottes de lapin renommées. Nous faisions là notre premier repas, au frisson un peu froid des ombrages, sur un bout de table noirci par la pluie, sans nappe. A cette heure matinale, nous étions seuls, parmi les servantes affairées, tuant les lapins et plumant les poulets pour le soir. Ah! que les œufs frais étaient bons, dans ce réveil des beaux dimanches printaniers!

Quand nous repartions, il commençait à faire chaud. Nous nous hâtions, laissant Robinson sur notre droite. Il nous fallait traverser d'immenses champs de fraises, avant d'arriver à Aulnay. Après les roses, les fraises. C'est la culture du pays, avec les violettes. On y vend les fraises à la livre, dans de vieilles balances vert-de-grisées. Le dimanche soir, on voit des familles qui viennent avec des saladiers, et qui s'installent au bord d'un champ, pour s'y donner une indigestion de fraises. Vers neuf heures, nous arrivions à Aulnay, un hameau, quelques maisons groupées le long d'un chemin. Là, s'ouvre la célèbre Vallée aux Loups, que le séjour de Chateaubriand a illustrée. Le chemin tourne, on entre dans un véritable désert. Ce chemin a dû éventrer une carrière de sable; à droite, à gauche, des pentes s'élèvent, tandis qu'on enfonce dans un sol jaune, d'une finesse de poussière. Mais bientôt la gorge s'élargit, des rochers se dressent, au milieu de futaies qui descendent en gradins. C'est à cet endroit, au fond de l'étroite vallée, que se trouve l'ancienne propriété de Chateaubriand ; l'habitation a d'étranges allures romantiques ; des fenêtres à ogives, des tourelles gothiques, semblent avoir été plaquées sur une maison bourgeoise. Pourtant, la route monte encore et devient de plus en plus sauvage; des fondrières se creusent, des pins tordus poussent entre les rochers; par les jours brûlants de juillet, on pourrait se croire dans un coin perdu de la Provence. Enfin, on débouche sur le plateau; et, brusquement, un vaste horizon se déroule; pendant que, au ras du ciel bleu, on a devant soi la ligne sombre du bois de Verrières.

Alors, si l'on suit le bord du plateau pour se rendre au bois, on aperçoit à ses pieds toute la vallée de la Bièvre, puis une succession sans fin de coteaux qui moutonnent, de plus en plus violâtres et éteints, jusqu'au fond de l'horizon. L'œil distingue des villages, des rangées de peupliers, des points blancs qui sont des façades claires de maisons, des champs cultivés, très divisés, étalant une veste d'arlequin bariolée de toutes les nuances du vert et du jaune. Nulle part, je n'ai eu une impression plus large de l'étendue.

III

Dans les premiers temps, bien que le bois de Verrières ne soit pas très vaste, nous nous y perdions facilement. Je me souviens qu'un jour, nous étant avisés de couper par les taillis, pour arriver plus vite, nous nous trouvâmes noyés au milieu d'un tel flot de feuillages, que, pendant deux heures, nous tournâmes sur nous-mêmes, sans pouvoir nous dégager. Paul voulut monter sur un chêne, comme le petit Poucet, afin de reconnaître notre chemin ; mais il s'écorcha les jambes et ne vit que les cimes des arbres rouler sous le vent et se perdre au loin.

Je ne connais pas de bois plus charmant. Les longues avenues sont semées d'une herbe fine qui est comme un velours de soie sous les pieds. Elles aboutissent à de vastes ronds-points, à des salles de verdure, au-dessus desquelles des arbres de haute futaie, pareils à des colonnes, soutiennent des dômes de feuilles. On y marche dans un recueillement, ainsi que dans la nef d'une église. Mais je préférais encore les petits sentiers, les allées étroites, qui s'enfonçaient au beau milieu des fourrés. Au bout, on apercevait le jour lointain, une tache de clarté ronde. D'autres faisaient des coudes, serpentaient dans un jour verdâtre, à l'infini. Et il y avait encore des coins adorables, des clairières avec de grands bouleaux élancés, d'une élégance blonde, avec de grands chênes majestueux, dont le défilé mettait un cortège royal le long des pelouses ; il y avait encore des talus où fleurissaient des nappes de fraisiers et de petites violettes pâles, des trous imprévus où l'on avait de l'herbe jusqu'au menton, des pentes plantées d'une débandade d'arbres qui semblaient descendre dans la plaine, comme l'avant-garde d'une armée de géants.

Parmi ces retraites, une entre autres nous avait séduits. Un matin, en battant le bois, nous étions tombés sur une mare, loin de tout chemin. C'était une mare pleine de joncs, aux eaux moussues, que nous avions appelée la « mare verte », ignorant son vrai nom ; on m'a dit depuis qu'on la nomme « la mare à Chalot ». Rarement, j'ai vu un coin plus retiré. Au-dessus de la mare, des arbres épanouissaient des jets, des bouquets, des nappes de verdure ; il y avait des verts tendres d'une légèreté de dentelle, des verts presque noirs, massés puissamment ; un saule laissait tomber ses branches, un tremble semblait mettre au fond une pluie de cendre grise. Et tous ces feuillages, qui se perdaient en fusées, qui étageaient leurs rondeurs, qui enguirlandaient des bouts de draperies traînantes, se réflétaient dans le miroir d'acier de la mare, creusaient là un autre ciel, où leurs images pures se répétaient exactement. Pas une mouche volante ne ridait la surface de l'eau. Un calme profond, une paix souveraine endormait ce trou clair. On songeait au bain de la Diane antique, trempant ses pieds de neige dans les sources ignorées des bois. Un charme mystérieux pleuvait des grands arbres, tandis qu'une volupté discrète, les amours silencieuses des forêts, montaient de cette eau morte, où passaient de larges moires d'argent.

La mare verte avait fini par devenir le but de toutes nos promenades. Nous avions pour elle un caprice de poète et de peintre. Nous l'aimions d'amour, passant nos journées du dimanche sur l'herbe fine qui l'entourait. Paul en avait commencé une étude, l'eau au premier plan, avec de grandes herbes flottantes, et les arbres s'enfonçant comme les coulisses d'un théâtre, drapant dans un recul de chapelle les rideaux de leurs branches.

Moi, je m'étendais sur le dos, un livre à mon côté; mais je ne lisais guère, je regardais le ciel à travers les feuilles, des trous bleus qui disparaissaient dans un remous, lorsque le vent soufflait. Les rayons minces du soleil traversaient les ombrages comme des balles d'or, et jetaient sur les gazons des palets lumineux, dont les taches rondes voyageaient avec lenteur. Je restais là des heures sans ennui, échangeant une rare parole avec mon compagnon, fermant parfois les paupières et rêvant alors, dans la clarté confuse et rose qui me baignait.

Nous campions là, nous déjeunions, nous dînions, et le crépuscule seul nous chassait. Nous attendions que le soleil oblique allumât la forêt d'un incendie. Au sommet des arbres, une flamme brûlait, et la mare, qui reflétait cette flamme, devenait sanglante, dans l'ombre dont le flot épaissi noyait déjà la terre. Cette ombre était complètement tombée, que le miroir d'acier gardait une lueur; on eût dit qu'il avait une lumière propre, qu'il flambait au fond des ténèbres comme un diamant; et nous restions un instant encore devant cet éclat mystérieux, cette blancheur de déesse se baignant à la lune. Mais il fallait regagner la gare, nous traversions le bois qui s'endormait. Une vapeur bleuissait les taillis; au loin, les troncs noirs des arbres, sur le ciel de pourpre, prolongeaient des colonnades; sous les allées, il faisait nuit déjà, une nuit qui montait lentement des buissons et qui mangeait peu à peu les grands chênes. Heure solennelle du soir, frissonnante des dernières voix de la forêt, long bercement des futaies hautes, assoupissement des herbes pâmées.

IV

Quand nous sortions du bois, c'était comme un réveil. Il faisait grand jour encore sur le plateau. Nous nous retournions une dernière fois, vaguement inquiets de cette masse de ténèbres que nous laissions derrière nous. La vaste plaine, à nos pieds, s'étendait sous un air bleuâtre, qui se fonçait dans les creux et tournait au lilas. Un dernier rayon de soleil frappait un coteau lointain, pareil à un champ d'épis mûrs. Un bout argenté de la Bièvre luisait comme un galon, entre les peupliers. Cependant, nous dépassions, à droite, la Vallée aux Loups; nous suivions le bord du plateau, jusqu'à la route de Robinson, qui dévale le long de la côte; et, dès que nous descendions, nous entendions la musique des chevaux de bois et les grands rires des gens qui dînaient dans les arbres.

Je me rappelle certains soirs. Nous traversions Robinson, par curiosité pour toute cette joie bruyante. Des lumières s'allumaient dans les châtaigniers, tandis qu'un bruit de fourchettes venait d'en haut; on levait la tête, on cherchait le nid colossal où l'on trinquait si fort. L'explosion sèche des carabines coupait par moments les valses interminables des orgues de Barbarie. D'autres dîneurs, dans des bosquets, au ras de la route, riaient au nez des passants. Parfois, nous nous arrêtions, nous attendions là le dernier train.

Et quel retour adorable, dans la nuit claire! Dès qu'on s'éloignait de Robinson, tout ce vacarme s'éteignait. Les couples, qui regagnaient le chemin de fer, marchaient avec lenteur. Sous les arbres, on ne voyait que les robes blanches, des mousselines légères flottant ainsi que des vapeurs envolées des herbes. L'air avait une douceur embaumée. Des rires passaient comme des frissons; et, dans ce calme, les bruits portaient très loin, on entendait, sur les autres routes, en haut de la côte, des voix alanguies de femmes qui chantaient quelque chanson, un refrain dont la bêtise prenait

un charme infini, bercée ainsi par l'air du soir.
De grands vols de hannetons donnaient aux arbres
un bourdonnement. Quand il faisait chaud, ces
lourdes bêtes ronflaient jusqu'à la nuit aux oreilles
des promeneurs; les filles avaient de petits cris,
des jupes fuyantes passaient rapidement avec un
bruit de drapeau; pendant que, là bas, sans doute
dans le cabaret de la mère Sens, un sonneur de cor
jetait une fanfare, qui arrivait, mélancolique et
perdue, comme du fond d'un bois légendaire. La
nuit devenait noire, les rires se mouraient, et l'on
n'apercevait plus, dans les ténèbres, que le quinquet éclatant de la station de Fontenay-aux-Roses.

A la gare, on s'écrasait. C'était une petite gare,
avec une salle d'attente très étroite. Les jours où
un orage éclatait, les promeneurs éreintés étouffaient là dedans. Les beaux soirs, on restait dehors.
Toutes les femmes emportaient des brassées de
fleurs. Et les rires recommençaient, fouettés par
l'impatience. Puis, dès qu'on s'était entassé dans les
wagons, les voyageurs souvent, d'un bout à l'autre
du train, entonnaient le même refrain imbécile,
concert formidable qui dominait le bruit des roues
et le ronflement de la locomotive. Les fleurs débordaient des portières, les femmes agitaient leurs
bras nus, se renversaient au cou de leurs amou-

reux. C'était la jeunesse ivre de printemps qui rentrait dans Paris.

V

Ah! mes beaux dimanches de la banlieue, lorsque j'avais vingt ans! Ils sont restés un de mes plus chers souvenirs. Depuis, j'ai connu d'autres bonheurs, mais rien ne vaut d'être jeune et de se sentir lâché pour un jour dans la liberté des grands bois.

LA RIVIÈRE

I

Voici l'hiver. J'en aime les premières tristesses, douces comme des mélancolies, l'odeur forte des feuilles tombées et le frisson matinal de la rivière. Parfois, je prends ma barque, je vais m'attacher au fond du petit bras, entre les deux îles. Et là, dans cette mort sereine de l'été, je suis enfin seul, retiré du monde, pareil à un ermite des vieux âges.

Ah! que tout est loin et que tout semble petit! Pourquoi donc me suis-je passionné hier et quelle sotte ambition avais-je d'affirmer la vérité? A cette heure, je me sens perdu comme un atome au sein de la vaste nature, je ne sais plus ce qui est vrai dans notre agitation de fourmilière, dans ces batailles de la littérature et de la politique, que nous croyons décisives et qui ne courbent pas même les grands roseaux des berges. Ce que je sais, c'est que nous sommes emportés ainsi que des brins de paille au milieu de l'éternel labeur du monde, et que cela rend modeste et sage, lorsqu'on entend ce travail de la terre, seul, par une matinée d'automne.

Les eaux passent largement, quelques fins nuages, d'une blancheur de duvet, volent dans le ciel pâle, tandis qu'un silence frissonnant descend des arbres. Et je n'ai plus qu'un désir, celui de m'anéantir là, de m'abandonner à ces eaux, à ces nuages, de me perdre au fond de ce silence. Cela est si bon, de cesser les querelles de son doute et de s'en remettre à cette sérénité de la campagne, qui, elle, fait sa besogne sans un arrêt et sans une discussion! Demain, nous reprendrons nos vaines disputes. Aujourd'hui, soyons forts et inconscients comme ces chevaux qu'on lâche dans des îles, avec de l'herbe jusqu'au ventre.

Toute ma jeunesse s'éveille. Je me rappelle le temps où nous partions en bande pour découvrir la Seine, à quelques lieues de Paris. L'heureuse époque, où l'on espérait tout conquérir, sans avoir encore rien à garder!

II

C'était un hameau, éloigné du chemin de fer, ce qui expliquait son isolement. Les maisons s'en allaient à la débandade sur une berge élevée; pourtant, lors des grandes crues, il arrivait parfois que la rivière entrait chez les habitants, et ils en étaient réduits à se visiter en barque. L'été, on descendait à la Seine par un talus gazonné où se croisaient des sentiers. Nous avions trouvé là un hôte bonhomme qui mettait toute son auberge à notre disposition. Les clients étaient rares, il n'avait que quelques paysans, le dimanche; aussi était-il enchanté de cette aubaine de Parisiens, dont la bande lui arrivait pour des semaines.

Pendant trois ans, nous fûmes les rois de la contrée. L'auberge était petite; quand nous tombions une douzaine, il fallait chercher des chambres dans le village. J'avais choisi pour moi une chambre chez le maréchal ferrant. J'ai toujours devant les yeux cette vaste pièce, avec son armoire de chêne colossale, ses murs blanchis à la chaux où étaient collées des images, sa cheminée de plâtre sur laquelle s'étalait tout un luxe de paysan, des fleurs en papier sous verre, des boîtes dorées, gagnées dans les foires, des coquillages rapportés du Havre. Il fallait une échelle pour monter sur le lit. La pièce sentait le linge frais, la dernière lessive dont l'armoire était pleine.

C'était la chambre de sa fille aînée que le maréchal me cédait, et des jupes d'indienne, des corsages de toile pendaient encore à des clous. La bande me plaisantait, en disant que je dormais là en plein dans les jupons. Le fait est que toute cette garde-robe de paysanne me troublait un peu. J'avais parfois la curiosité de visiter l'armoire et d'examiner les effets pendus. Quelle gaillarde! les ceintures de ces robes n'étaient pas trop étroites pour moi, et deux Parisiennes auraient dansé dans un de ces corsages. Un soir, je découvris un corset, derrière une pile de serviettes; je fus stupéfait, c'était une vraie armure, une cuirasse bardée de baleines, grande à y mettre le torse de la Vénus de Milo. D'ailleurs, la seconde année de notre séjour, la belle Ernestine épousa un boucher de Poissy.

A quatre heures, le matin, des hirondelles qui avaient fait leur nid en haut de la cheminée, me réveillaient par un bavardage aigu. Pourtant, je me rendormais; mais, vers six heures, j'entrais dans un branle assourdissant. En bas, le maréchal se mettait à la besogne. Ma chambre était juste au-dessus de la forge. Le soufflet ronflait avec une violence de tempête, les marteaux tombaient en cadence sur l'enclume, toute la maison sautait à cette musique. Mon lit, les premiers matins, me sembla secoué si rudement, que je dus me lever; puis, je m'habituai, et, quand j'étais très las, les marteaux finissaient par me bercer.

III

Nous ne venions que pour la Seine et nous y passions nos journées. En trois ans, nous ne fîmes pas une promenade à pied; tandis qu'il n'était point d'île, de petit bras, de baie que nous ne connussions. Les arbres du bord étaient devenus nos amis; nous aurions dit le nombre des roches, nous étions chez nous à une lieue, en amont et en aval. Aujourd'hui, lorsque je ferme les yeux, ce bout de Seine se déroule encore, avec ses rideaux de peupliers, ses berges toutes fleuries de grandes fleurs bleues et violettes, ses îles désertes aux herbes géantes.

Notre aubergiste avait une barque, un peu lourde, construite au Havre, je crois, et qui pouvait contenir cinq ou six personnes. Elle devait être solide, pour résister aux terribles aventures qu'elle traversait. Nous la poussions contre les berges, sans ménagement aucun ; nous passions par-dessus les arbres tombés, nous l'enfoncions dans le sable, et si profondément, que nous devions nous mettre à l'eau, les jambes nues, afin de l'en tirer. Elle se contentait de craquer, ce qui nous faisait rire. Parfois, cédant à une pensée malfaisante, voulant l'éprouver, disions-nous, nous la jetions sur de grosses pierres, d'un violent coup de rames. Nous tombions à la renverse, tant le choc était rude ; elle, entamée, avait une plainte sourde, et nous étions enchantés.

J'ignore si l'aubergiste se doutait des expériences que nous faisions subir à la solidité de sa barque ; mais je me rappelle l'avoir vu, songeur et attendri devant elle, à des heures où il ne se croyait pas remarqué. Il se baissait, il l'examinait, la touchait d'un air de paternité inquiète. C'était un homme doux. Jamais il n'osa se plaindre.

IV

Puis, nous nous calmions, nous goûtions le charme profond de la rivière.

Les deux rives s'écartent; la nappe d'eau s'élargit en un vaste bassin; et, là, trois îles se présentent de front au courant. La première, à gauche, très longue, descend à près d'une demi-lieue; la seconde ménage un bras de trois cents mètres au plus; et, quant à la troisième, elle n'est qu'une butte de gazon, couverte de grands arbres. Derrière, d'autres touffes de verdure, d'autres petites îles, s'en vont à la débandade, coupées par des bras étroits de rivière. Sur la gauche du fleuve, des plaines cultivées s'étendent; sur la droite, se dresse un coteau, planté au sommet d'un bois chevelu.

Nous remontions le courant, longeant les berges, pour éviter la fatigue; puis, quand nous étions en haut du bassin, nous prenions le milieu et nous laissions aller notre barque à la dérive. Elle descendait lentement d'elle-même, sans un bruit.

Nous, étendus sur les bancs, nous causions, pris de paresse. Mais, chaque fois que la barque arrivait en vue des îles, par les temps calmes, la conversation tombait, un recueillement invincible nous envahissait peu à peu.

En face, au-dessus de l'eau blanche, les trois îles se présentaient sur une même ligne, avec leurs pointes arrondies, leurs proues énormes de verdures. C'étaient, sur le couchant empourpré, trois bouquets d'arbres, au jet puissant, aux cimes vertes, endormies dans l'air. On aurait dit trois navires à l'ancre, trois Léviathans, dont les mâtures se seraient miraculeusement couvertes de feuillages. Et, dans la nappe d'eau, dans le miroir d'argent qui s'étendait, démesuré, sans une ride, les îles se reflétaient, enfonçant leurs arbres, prolongeant leurs rives. Une sérénité, une majesté, venaient de ces deux azurs, le ciel et le fleuve, où le sommeil des arbres était si pur. Le soir surtout, quand pas une feuille ne remuait, quand la nappe d'eau prenait le poli bleuâtre de l'acier, le spectacle s'élargissait encore et faisait rêver d'infini.

Nous descendions toujours, nous entrions dans un bras de rivière, entre les îles. Alors, c'était un charme plus intime. Les arbres, aux deux bords, se penchaient, changeaient la rivière en une grande allée de jardin. Sur nos têtes, il n'y avait plus qu'une bande de ciel; tandis que, devant nous, au loin, s'ouvrait une échappée de Seine, un courant qui fuyait avec un froissement continu d'écailles d'argent, des coteaux boisés, le clocher perdu d'un village. Dans les îles, après la fenaison, des prairies déroulaient un velours tendre, coupé des rayons obliques du soleil. Un martin-pêcheur jetait un cri, mettait au-dessus de l'eau l'éclair rose et vert de son vol. En haut des arbres, des ramiers roucoulaient. C'était une paix souveraine, une fraîcheur délicieuse, l'impression grande et forte d'un parc séculaire, où de puissantes dames, anciennement, auraient aimé.

Puis, nous nous engagions dans un des petits bras; et, là, nous trouvions une joie encore. Le maniement des rames devenait impossible. Il fallait s'abandonner et se servir de la gaffe, dans les endroits difficiles. Les murs des arbres s'étaient resserrés, les cimes se rejoignaient, on filait sous une voûte, sans apercevoir un coin de ciel. Des saules centenaires, à moitié déracinés par le courant, montraient l'emmêlement de leurs racines, pareilles à des nœuds de couleuvres; leurs troncs semblaient pourris, se penchaient, dans des attitudes tragiques de noyés, retenus par les cheveux;

et, de ce bois crevassé, livide, sali des écumes du flot, toute une jeunesse de frêles tiges et de feuilles délicates s'épanouissait, montait, retombait en pluie. Nous devions, en passant, baisser la tête, le front caressé par les branches.

D'autres fois, nous filions au milieu des plantes d'eau; les nénuphars étalaient leurs épaisses feuilles rondes, nageant comme des échines de grenouilles, et nous arrachions leurs fleurs jaunes, si charnues et si fades, ouvertes à la surface ainsi que des yeux de carpes curieuses. Il y avait encore d'autres fleurs, dont nous ignorions les noms; une surtout, une petite fleur violette, d'une finesse exquise.

Mais la barque descendait toujours, au milieu du frôlement prolongé des plantes. A chaque instant, elle devait tourner, pour suivre les coudes du petit bras. Et c'était une émotion, car on n'était jamais certain de pouvoir passer. Souvent un banc de sable se présentait. Aussi quel triomphe, quand nous débouchions sans encombre dans un grand bras, en laissant derrière nous l'étroit passage, comme un de ces sentiers des bois, à peine frayés, où l'on a dû se couler un à un, et dont les buissons d'eux-mêmes se referment !

V

Que de belles matinées passées ainsi sur la rivière ! Le matin, une buée légère se dégageait de l'eau. On aurait dit des mousselines qui s'envolaient, en accrochant des lambeaux de leur fin tissu aux arbres de la rive. Les peupliers semblaient tout vêtus de blanc. Puis, quand le soleil se levait, leur robe tombait mollement comme une robe de mariée, au jour des noces ; ils fumaient un instant dans l'air, et luisaient, avec un petit frisson de leurs feuilles.

Nous aimions ces matinées de blanches vapeurs, nous allions sur l'eau voir le soleil grandir. Autour de nous, la rivière exhalait une haleine laiteuse. Brusquement, un rayon jaillissait, une trouée d'or empourprait le brouillard. Pendant quelques minutes, les tons les plus délicats, le rose pâle, le bleu tendre, le violet adouci d'une pointe de laque, se fondaient dans l'air vague. Puis, c'était comme si un coup de vent avait passé. Les vapeurs s'en étaient allées, la rivière, très bleue, se pailletait d'étincelles, sous le soleil triomphant.

La nuit, les nuits de lune surtout, nous aimions également nous rendre à un village voisin, en amont, et revenir tard, vers minuit, au fil du courant. La barque descendait très lente, dans le grand silence. Au ciel d'un bleu éteint, la lune pleine montait, jetant, sur la nappe élargie, son éventail d'argent. On ne distinguait rien autre, les deux rives, avec leurs champs et leurs coteaux, étaient comme deux masses d'ombre, entre lesquelles la coulée du fleuve passait toute blanche. Cependant, de ces campagnes qu'on ne voyait pas, montaient par moments des voix lointaines, le cri d'une chouette, le coassement d'une grenouille, le large frisson des cultures endormies. Et nous regardions la lune danser dans le sillage de notre barque, nous laissions pendre nos mains brûlantes dans l'eau fraîche.

Quand je revenais à Paris, je gardais longtemps en moi le balancement du canot. La nuit, je rêvais que je ramais, qu'une barque noire m'emportait à la dérive, au fond de l'ombre. C'étaient des retours pleins de tristesse. Le pavé des rues m'exaspérait, et, lorsque je passais les ponts, je jetais sur la Seine un regard d'amant jaloux. Puis, la vie recommençait, il fallait bien vivre. Ma besogne me reprenait tout entier, je rentrais dans le grand combat.

VI

Et c'est pourquoi je souhaite souvent, à cette heure que je suis mon maître, de m'anéantir dans un coin perdu, au bord d'une berge en fleurs, entre deux vieux troncs de saule. Il faut si peu de place à l'homme pour la paix éternelle! Les vaines disputes de ce monde ne me passionneraient plus. Je me coucherais sur le dos, j'étendrais mes bras dans l'herbe, et je dirais à la bonne nature de me prendre et de me garder.

LA
FÊTE A COQUEVILLE

LA FÊTE A COQUEVILLE

I

Coqueville est un petit village planté dans une fente de rochers, à deux lieues de Grandport. Une belle plage de sable s'élargit devant les masures collées au flanc de la falaise, à mi-côte, comme des coquillages laissés là par la marée. Lorsqu'on monte sur les hauteurs de Grandport, vers la gauche, on voit très nettement à l'ouest la nappe jaune de la plage, pareille à un flot de poussière d'or qui aurait coulé de la fente béante du roc; et même, avec de bons yeux, on distingue les maisons, dont le ton de rouille tache la pierre, et dont les fumées mettent des traînées bleuâtres, jusqu'à la crête de l'énorme rampe, barrant le ciel.

C'est un trou perdu. Coqueville n'a jamais pu

atteindre le chiffre de deux cents habitants. La gorge qui débouche sur la mer, et au seuil de laquelle le village se trouve planté, s'enfonce dans les terres par des détours si brusques et des pentes si raides, qu'il est à peu près impossible d'y passer avec des voitures. Cela coupe toutes les communications et isole le pays, où l'on semble être à cent lieues des hameaux voisins. Aussi, les habitants n'ont-ils avec Grandport des communications que par eau. Presque tous pêcheurs, vivant de l'Océan, ils y portent chaque jour le poisson dans leurs barques. Une grande maison de factage, la maison Dufeu, achète leur pêche à forfait. Le père Dufeu est mort depuis quelques années, mais la veuve Dufeu a continué les affaires; elle a simplement pris un commis, M. Mouchel, grand diable blond, chargé de battre la côte et de traiter avec les pêcheurs. Ce M. Mouchel est l'unique lien entre Coqueville et le monde civilisé.

Coqueville mériterait un historien. Il semble certain que le village, dans la nuit des temps, fut fondé par les Mahé, une famille qui vint s'établir là et qui poussa fortement au pied de falaise. Ces Mahé durent prospérer d'abord, en se mariant toujours entre eux, car pendant des siècles on ne trouve que des Mahé. Puis, sous Louis XIII, apparaît un Floche. On ne sait trop d'où il venait. Il épousa une Mahé, et dès ce moment un phénomène se produisit, les Floche prospérèrent à leur tour et se multiplièrent tellement, qu'ils finirent peu à peu par absorber les Mahé, dont le nombre diminuait, tandis que leur fortune passait aux mains des nouveaux venus. Sans doute, les Floche apportaient un sang nouveau, des organes plus vigoureux, un tempérament qui s'adaptait mieux à ce dur milieu de plein vent et de pleine mer. En tout cas, ils sont aujourd'hui les maîtres de Coqueville.

On comprend que ce déplacement du nombre et de la richesse ne se soit pas accompli sans de terribles secousses. Les Mahé et les Floche se détestent. Il y a entre eux une haine séculaire. Malgré leur déchéance, les Mahé gardent un orgueil d'anciens conquérants. En somme, ils sont les fondateurs, les ancêtres. Ils parlent avec mépris du premier Floche, un mendiant, un vagabond recueilli chez eux par pitié, et auquel leur éternel désespoir sera d'avoir donné une de leurs filles. Ce Floche, à les entendre, n'a engendré qu'une descendance de paillards et de voleurs, passant leurs nuits à faire des enfants et leurs journées à convoiter des héritages. Et il n'est pas d'injures dont ils n'accablent la puissante tribu des Floche, pris de la rage amère de ces nobles, décimés, ruinés, qui voient le pullulement de la bourgeoisie maîtresse de leurs rentes et de leurs châteaux. Naturellement, les Floche, de leur côté, ont le triomphe insolent. Ils jouissent, ce qui les rend goguenards. Pleins de moquerie pour l'antique race des Mahé, ils jurent de les chasser du village, s'ils ne courbent pas la tête. Ce sont pour eux des meurt-de-faim, qui, au lieu de se draper dans leurs guenilles, feraient beaucoup mieux de les raccommoder. Coqueville se trouve ainsi en proie à deux factions féroces, quelque chose comme cent trente habitants résolus à manger les cinquante autres, par la simple raison qu'ils sont les plus forts. La lutte entre deux grands empires n'a pas d'autre histoire.

Parmi les querelles qui ont dernièrement bouleversé Coqueville, on cite la fameuse inimitié des deux frères Fouasse et Tupain, et les batailles retentissantes du ménage Rouget. Il faut savoir que chaque habitant recevait jadis un surnom, qui est devenu aujourd'hui un véritable nom de famille; car il était difficile de se reconnaître parmi les croisements des Mahé et des Floche. Rouget avait eu certainement un aïeul d'un blond ardent; quant à Fouasse et à Tupain, ils se nommaient ainsi sans qu'on sût pourquoi, beaucoup de surnoms ayant perdu tout sens raisonnable à la longue. Or, la vieille Françoise, une gaillarde de quatre-vingts ans qui vivait toujours, avait eu Fouasse d'un Mahé; puis, devenue veuve, elle s'était remariée avec un Floche, et était accouchée de Tupain. De là, la haine des deux frères, d'autant plus que des questions d'héritage avivaient cette haine. Chez les Rouget, on se battait comme plâtre, parce que Rouget accusait sa femme Marie de le trahir pour un Floche, le grand Brisemotte, un brun solide, sur lequel il s'était déjà jeté deux fois avec un couteau, en hurlant qu'il lui crèverait le ventre. Rouget, petit homme nerveux, était très rageur.

Mais ce qui passionnait alors Coqueville, ce n'étaient ni les fureurs de Rouget, ni les discussions de Tupain et de Fouasse. Une grosse rumeur circulait : Delphin, un Mahé, un galopin de vingt ans, osait aimer la belle Margot, la fille de La Queue, le plus riche des Floche et le maire du pays. Ce La Queue était en vérité un personnage considérable. On l'appelait La Queue parce que son père, sous Louis-Philippe, avait le dernier ficelé ses cheveux, avec une obstination de vieillard qui tient aux modes de sa jeunesse. Donc, La Queue possédait l'un des deux grands bateaux de pêche de Coqueville, le *Zéphir*, le meilleur de beaucoup, tout neuf encore et solide à la mer. L'autre grand bateau, la *Baleine*, une patache pourrie, appartenait à Rouget, dont les matelots étaient Delphin et Fouasse, tandis que La Queue emmenait avec lui Tupain et Brisemotte. Ces derniers ne tarissaient pas en rires méprisants sur la *Baleine*, un sabot, disaient-ils, qui allait fondre un beau jour sous la vague comme une poignée de boue. Aussi, quand La Queue apprit que ce gueux de Delphin, le mousse de la *Baleine*, se permettait de rôder autour de sa fille, allongea-t-il deux claques soignées à Margot, histoire simplement de la prévenir que jamais elle ne serait la femme d'un Mahé. Du coup, Margot, furieuse, cria qu'elle passerait la paire de soufflets à Delphin, s'il se permettait de venir se frotter contre ses jupes. C'était vexant d'être calottée pour un garçon qu'elle ne regardait seulement jamais en face. Margot, forte à seize ans comme un homme et belle comme une dame, avait la réputation d'une personne méprisante, très dure aux amoureux. Et, là-dessus, sur cette histoire des deux claques, de l'audace de Delphin et de la colère de Margot, on doit comprendre les commérages sans fin de Coqueville.

Pourtant, certains disaient que Margot, au fond, n'était pas si furieuse de voir Delphin tourner autour d'elle. Ce Delphin était un petit blond, la peau dorée par le hâle de la mer, avec une toison de cheveux frisés qui lui descendait sur les yeux et dans le cou. Et très fort, malgré sa taille fine; très capable d'en rosser de trois fois plus gros que lui. On racontait qu'il se sauvait parfois et allait passer la nuit à Grandport. Cela lui donnait une réputation de loup-garou auprès des filles, qui l'accusaient entre elles de faire la vie, expression vague où elles mettaient toutes sortes de jouissances inconnues. Margot, quand elle parlait de Delphin, se passionnait trop. Lui, souriait d'un air sournois, la regardait avec des yeux minces et luisants, sans s'inquiéter le moins du monde de ses dédains ni de ses emportements. Il passait devant sa porte, il se coulait le long des broussailles, la guettait pendant des heures, plein d'une patience et d'une souplesse de chat à l'affût d'une mésange; et, quand elle le découvrait tout d'un coup, derrière ses jupes, si près d'elle parfois qu'elle le devinait à la tiédeur de son haleine, il ne fuyait pas, il prenait un air doux et triste, qui la laissait interdite, suffoquée, ne retrouvant sa colère que lorsqu'il était loin. Sûrement, si son père la voyait, il la giflerait encore. Ça ne pouvait pas durer. Mais elle avait beau jurer que Delphin aurait un jour la paire de gifles qu'elle lui avait promise, elle ne saisissait jamais l'instant de les lui appliquer, quand il était là: ce qui faisait dire au monde qu'elle ne devrait pas en tant parler, puisqu'elle gardait en fin de compte les gifles pour elle.

Personne, cependant, ne supposait qu'elle pût jamais être la femme de Delphin. On voyait, dans son cas, une faiblesse de fille coquette. Quant à un mariage entre le plus gueux des Mahé, un garçon qui n'avait pas six chemises pour entrer en ménage, èt la fille du maire, l'héritière la plus riche des Floche, il aurait simplement paru monstrueux. Les méchantes langues insinuaient que, tout de même, elle pourrait bien aller avec lui, mais que pour sûr elle ne l'épouserait pas. Une fille riche prend du plaisir comme elle l'entend; seulement, quand elle a de la tête, elle ne commet pas une sottise. Enfin, tout Coqueville s'intéressait à l'aventure, curieux de savoir de quelle façon les choses tourneraient. Delphin aurait-il ses deux gifles? ou bien Margot se laisserait-elle baiser sur les joues, dans quelque trou de la falaise? Il faudrait voir. Il y en avait pour les gifles et il y en avait pour les baisers. Coqueville était en révolution.

Dans le village, deux personnes seulement, le curé et le garde-champêtre, n'appartenaient ni aux Mahé ni aux Floche. Le garde-champêtre, un grand sec dont on ignorait le nom, mais qu'on appelait l'Empereur, sans doute parce qu'il avait servi sous Charles X, n'exerçait en réalité aucune surveillance sérieuse sur la commune, toute de rochers nus et de landes désertes. Un sous-préfet, qui le protégeait, lui avait créé là une sinécure, où il mangeait en paix de très petits appointements. Quant à l'abbé Radiguet, c'était un de ces prêtres simples d'esprit que les évêchés, désireux de s'en débarrasser, enterrent dans quelque trou perdu. Il vivait en brave homme, redevenu paysan, bêchant son étroit jardin conquis sur le roc, fumant sa pipe en regardant pousser ses salades. Son seul défaut était une gourmandise qu'il ne savait comment raffiner, réduit à adorer le maquereau et à boire du cidre plus parfois qu'il n'en pouvait contenir. Au demeurant, le père de ses paroissiens, qui venaient de loin en loin entendre une messe, pour lui être agréables.

Mais le curé et le garde-champêtre avaient dû prendre parti, après avoir longtemps réussi à rester neutres. Maintenant, l'Empereur tenait pour les Mahé, tandis que l'abbé Radiguet appuyait les Floche. De là, des complications. Comme l'Empereur, du matin au soir, vivait en bourgeois, et qu'il se lassait de compter les bateaux qui sortaient de Grandport, il s'était avisé de faire la police du village. Devenu le partisan des Mahé, par des instincts secrets de conservation sociale, il donnait raison à Fouasse contre Tupain, il tâchait de prendre la femme de Rouget en flagrant délit avec Brisemotte, il fermait surtout les yeux, quand il voyait Delphin se glisser dans la cour de Margot. Le pis était que ces agissements amenaient de fortes querelles entre l'Empereur et son supérieur naturel, le maire La Queue. Respectueux de la discipline, le premier écoutait les reproches du second, puis recommençait à n'agir qu'à sa tête : ce qui désorganisait les pouvoirs publics de Coqueville. On ne pouvait passer devant le hangar décoré du nom de mairie, sans être assourdi par l'éclat d'une dispute. D'un autre côté, l'abbé Radiguet, rallié aux Floche triomphants, qui le comblaient de maquereaux superbes, encourageait sourdement les résistances de la femme de Rouget, et menaçait Margot des flammes de l'enfer, si jamais elle laissait Delphin la toucher du doigt.

C'était, en somme, l'anarchie complète, l'armée en révolte contre le pouvoir civil, la religion se faisant la complaisante des jouissances de la bourgeoisie, tout un peuple de cent quatre-vingts habitants se dévorant dans un trou, en face de la mer immense et de l'infini du ciel.

Seul, au milieu de Coqueville bouleversé, Delphin gardait son rire de garçon amoureux, qui se moquait du reste, pourvu que Margot fût à lui. Il la chassait au lacet, comme on chasse les lapins. Très sage, malgré son air fou, il voulait que le curé les mariât, pour que le plaisir durât toujours.

Un soir, Margot leva enfin la main, dans un sentier où il la guettait. Mais elle resta toute rouge ; car, sans attendre la gifle, il avait saisi cette main qui le menaçait, et la baisait furieusement.

Comme elle tremblait, il lui dit à voix basse :

— Je t'aime. Veux-tu de moi ?

— Jamais ! cria-t-elle révoltée.

Il haussa les épaules ; puis, d'un air tranquille et tendre :

— Ne dis donc pas ça... Nous serons très bien tous les deux. Tu verras comme c'est bon.

II

Ce dimanche-là, le temps fut épouvantable, un de ces brusques orages de septembre qui déchaînent des tempêtes terribles sur les côtes rocheuses de Grandport. A la tombée du jour, Coqueville aperçut un navire en détresse, emporté par le vent. Mais l'ombre croissait, on ne pouvait songer à lui porter secours. Depuis la veille, le *Zéphir* et la *Baleine* étaient amarrés dans le petit port naturel, qui se trouve à gauche de la plage, entre deux bancs de granit. Ni La Queue ni Rouget n'avaient osé sortir. Le pis était que M. Mouchel, le représentant de la veuve Dufeu, avait pris la peine de venir en personne, le samedi, pour leur promettre une prime, s'ils faisaient un effort sérieux : la marée manquait, on se plaignait aux Halles. Aussi, le dimanche soir, en se couchant sous les rafales de pluie, Coqueville grognait-il, de méchante humeur. C'était l'éternelle histoire, les commandes arrivaient, lorsque la mer gardait son poisson. Et tout le village parlait de ce navire qu'on avait vu passer dans l'ouragan, et qui bien sûr devait, à cette heure, dormir au fond de l'eau.

Le lendemain lundi, le ciel était toujours sombre. La mer, haute encore, grondait sans pouvoir se calmer, bien que le vent fût moins fort. Il tomba complètement, mais les vagues gardèrent leur branle furieux. Malgré tout, les deux bateaux sortirent l'après-midi. Vers quatre heures, le *Zéphir* rentra, n'ayant rien pris. Pendant que les matelots Tupain et Brisemotte, l'amarraient dans le petit port, La Queue, exaspéré sur la plage, montrait le poing à l'Océan. Et M. Mouchel qui attendait ! Margot était là, avec la moitié de Coqueville, regardant les dernières houles de la tempête, partageant la rancune de son père contre la mer et le ciel.

— Où est donc la *Baleine?* demanda quelqu'un.

— Là-bas, derrière la pointe, dit La Queue. Si cette carcasse revient entière aujourd'hui, ce sera de la chance.

Il était plein de mépris. Puis, il laissa entendre que c'était bon pour des Mahé, de risquer leur peau de la sorte : quand on n'a pas un sou vaillant, on peut crever. Lui, préférait manquer de parole à M. Mouchel.

Cependant, Margot examinait la pointe de rochers derrière laquelle se trouvait la *Baleine.*

— Père, demanda-t-elle enfin, est-ce qu'ils ont pris quelque chose ?

— Eux ? cria-t-il. Rien du tout !

Il se calma et ajouta plus doucement, en voyant l'Empereur qui ricanait :

— Je ne sais pas s'ils ont pris quelque chose, mais comme ils ne prennent jamais rien...

— Peut-être qu'aujourd'hui tout de même ils ont pris quelque chose, dit méchamment l'Empereur. Ça s'est vu.

La Queue allait répondre avec colère. Mais l'abbé Radiguet, qui arrivait, l'apaisa. De la plate-forme de l'église, l'abbé venait d'apercevoir la *Baleine;* et la barque semblait donner la chasse à quelque gros poisson. Cette nouvelle passionna Coqueville. Il y avait, dans le groupe réuni sur la plage, des Mahé et des Floche, les uns souhaitant que le bateau revînt avec une pêche miraculeuse, les autres faisant des vœux pour qu'il rentrât vide.

Margot, toute droite, ne quittait pas la mer du regard.

— Les voilà, dit-elle simplement.

En effet, une tache noire se montrait derrière la pointe.

Tous regardèrent. On aurait dit un bouchon dansant sur l'eau. L'Empereur ne voyait pas même la tache noire. Il fallait être de Coqueville, pour reconnaître à cette distance la *Baleine* et ceux qui la montaient.

— Tiens! reprit Margot, qui avait les meilleurs yeux de la côte, c'est Fouasse et Rouget qui rament... Le petit est debout à l'avant.

Elle appelait Delphin « le petit », pour ne pas le nommer. Et, dès lors, on suivit la marche de la barque, en tâchant d'en expliquer les étranges mouvements. Comme le curé le disait, elle semblait donner la chasse à quelque poisson qui aurait fui devant elle. Cela parut extraordinaire. L'Empereur prétendit que leur filet venait sans doute d'être emporté. Mais La Queue criait que c'étaient des fainéants et qu'ils s'amusaient. Bien sûr qu'ils ne pêchaient pas des phoques! Tous les Floche s'égayèrent de cette plaisanterie, tandis que les Mahé, vexés, déclaraient que Rouget était un gaillard tout de même, et qu'il risquait sa peau, lorsque d'autres, au moindre coup de vent, préféraient le plancher aux vaches. L'abbé Radiguet dut s'interposer encore, car il y avait des claques dans l'air.

— Qu'ont-ils donc? dit brusquement Margot. Les voilà repartis.

On cessa de se menacer, et tout le monde fouilla l'horizon. La *Baleine*, de nouveau, était cachée derrière la pointe. Cette fois, La Queue lui-même devint inquiet. Il ne pouvait s'expliquer de pareilles manœuvres. La peur que Rouget ne fût réellement en train de prendre du poisson, le jetait hors de lui. Personne ne quitta la plage, bien qu'on ne vît rien de curieux. On resta là près de deux heures, on attendait toujours la barque qui paraissait de temps à autre, puis qui disparaissait. Elle finit par ne plus se montrer du tout. La Queue, enragé, faisant au fond ce souhait abominable, déclarait qu'elle avait dû sombrer; et, comme justement la femme de Rouget était présente avec Brisemotte, il les regardait tous deux en ricanant, tandis qu'il tapait sur l'épaule de Tupain, pour le consoler déjà de la mort de son frère Fouasse. Mais il cessa de rire, lorsqu'il aperçut sa fille Margot, muette et grandie, les yeux au loin. C'était peut-être bien pour Delphin.

— Qu'est-ce que tu fiches là? gronda-t-il. Veux-tu filer à la maison!.. Méfie-toi, Margot!

Elle ne bougeait pas. Puis, tout d'un coup :

— Ah! les voilà!

Il y eut un cri de surprise. Margot, avec ses bons yeux, jurait qu'elle ne voyait plus une âme dans la barque. Ni Rouget, ni Fouasse, ni personne! *La Baleine*, comme abandonnée, courait sous le vent, virant de bord à chaque minute, se balançant d'un air paresseux. Une brise d'ouest s'était heureusement levée et la poussait vers la terre, mais avec des caprices singuliers, qui la ballottaient de droite et de gauche. Alors, tout Coqueville descendit sur la plage. Les uns appelaient les autres, il ne resta pas une fille dans les maisons pour soigner la soupe. C'était une catastrophe, quelque chose d'inexplicable dont l'étrangeté mettait les têtes à l'envers. Marie, la femme de Rouget, après un instant de réflexion, crut devoir éclater en larmes. Tupain ne réussit qu'à prendre un air affligé. Tous les Mahé se désolaient, tandis que les Floche tâchaient d'être convenables. Margot s'était assise, comme si elle avait eu les jambes cassées.

— Qu'est-ce que tu fiches encore! cria La Queue, qui la rencontra sous ses pieds.

— Je suis lasse, répondit-elle simplement.

Et elle tourna son visage vers la mer, les joues

entre les mains, se cachant les yeux du bout des doigts, regardant fixement la barque se balancer sur les vagues avec plus de paresse, de l'air d'une barque bonne enfant qui aurait trop bu.

Pourtant, les suppositions allaient bon train. Peut-être que les trois hommes étaient tombés à l'eau? Seulement, tous les trois à la fois, cela semblait drôle. La Queue aurait bien voulu faire croire que la *Baleine* avait crevé ainsi qu'un œuf pourri; mais le bateau tenait encore la mer, on haussait les épaules. Puis, comme si les trois hommes avaient réellement péri, il se souvint qu'il était maire, et il parla des formalités.

— Laissez-donc! s'écria l'Empereur. Est-ce qu'on meurt si bêtement! S'ils étaient tombés, le petit Delphin serait déjà ici!

Tout Coqueville dut en convenir, Delphin nageait comme un hareng. Mais alors où les trois hommes pouvaient-ils être? On criait: « Je te dis que si!... Je te dis que non!... Trop bête!... Bête toi-même! » Et les choses en vinrent au point qu'on échangea des gifles. L'abbé Radiguet dut faire un appel à la conciliation, tandis que l'Empereur bousculait le monde pour rétablir l'ordre. Cependant, la barque sans se presser, continuait à danser devant le monde. Elle valsait, semblait se moquer des gens. La marée l apportait, en lui faisant saluer la terre dans de longues révérences cadencées. Pour sûr, c'était une barque en folie.

Margot, les joues entre les mains, regardait toujours. Un canot venait de sortir du port, pour aller à la rencontre de la *Baleine*. C'était Brisemotte qui avait eu cette impatience, comme s'il lui eût tardé de donner une certitude à la femme de Rouget. Dès lors, tout Coqueville s'intéressa au canot. Les voix se haussaient. Eh bien ! distinguait-il quelque chose ? La *Baleine* avançait, de son air mystérieux et goguenard. Enfin, on le vit se dresser et regarder dans la barque, dont il avait réussi à prendre une amarre. Toutes les haleines étaient suspendues. Mais, brusquement, il éclata de rire. Ce fut une surprise. Qu'avait-il à s'égayer ?

— Quoi donc ? qu'y a-t-il ? lui criait-on furieusement.

Lui, sans répondre, riait plus fort. Il fit des gestes, comme pour dire qu'on allait voir. Puis, ayant attaché la *Baleine* au canot, il la remorqua. Et un spectacle imprévu stupéfia Coqueville.

Dans le fond de la barque, les trois hommes, Rouget, Delphin, Fouasse, étaient béatement allongés sur le dos, ronflant à poings fermés, ivres morts. Au milieu d'eux, se trouvait un petit tonneau défoncé, quelque tonneau plein, rencontré en mer, et auquel ils avaient goûté. Sans doute c'était très bon, car ils avaient tout bu, sauf la valeur d'un litre qui avait coulé dans la barque et qui s'y était mêlé à de l'eau de mer.

— Ah! le cochon! cria brutalement la femme à Rouget, cessant de pleurnicher.

— Eh bien! elle est propre, leur pêche! dit La Queue, qui affectait un grand dégoût.

— Dame! répondit l'Empereur, on pêche ce qu'on peut. Ils ont toujours pêché un tonneau, tandis que d'autres n'ont rien pêché du tout.

Le maire se tut, très vexé. Coqueville clabaudait. On comprenait, maintenant. Quand les barques sont soûles, elles dansent comme les hommes; et celle-là, en vérité, avait de la liqueur plein le ventre. Ah! la gredine, quelle cocarde! Elle festonnait sur l'Océan, de l'air d'un pochard qui ne reconnaît plus sa maison. Et Coqueville riait et se fâchait, les Mahé trouvaient ça drôle, tandis que les Floche trouvaient ça dégoûtant. On entourait la *Baleine*, les cous s'allongeaient, les yeux s'écarquillaient, pour regarder dormir ces trois gaillards qui étalaient des mines de jubilation, sans se douter de la foule, penchée au-dessus d'eux. Les injures et les rires ne les troublaient guère. Rouget n'entendait pas sa femme l'accuser de tout boire. Fouasse ne sentait pas les coups de pied sournois dont son frère Tupain lui bourrait les côtes. Quant à Delphin, il était joli, lorsqu'il avait bu, avec ses cheveux blonds, sa mine rose, noyée d'un ravissement. Margot s'était levée, et, silencieuse elle contemplait à présent le petit d'un air dur.

— Faut les coucher! cria une voix.

Mais, justement, Delphin ouvrait les yeux. Il promena des regards enchantés sur le monde. On le questionnait de toutes parts, avec une passion qui l'étourdissait un peu, d'autant plus qu'il était encore soûl comme une grive.

— Eh bien! quoi? bégaya-t-il, c'est un petit tonneau... Il n'y a pas de poisson. Alors, nous avons pris un petit tonneau.

Il ne sortit pas de là. A chaque phrase, il ajoutait simplement:

— C'était bien bon.

— Mais qu'y avait-il, dans le tonneau? lui demandait-on rageusement.

— Ah! je ne sais pas... C'était bien bon.

A cette heure, Coqueville brûlait de savoir. Tout le monde baissait le nez vers la barque, reniflant avec force. De l'avis unanime, ça sentait la liqueur; seulement, personne ne devinait quelle liqueur. L'Empereur, qui se flattait d'avoir bu de tout ce dont un homme peut boire, dit qu'il allait voir ça. Il prit gravement, dans le creux de la main, un peu du liquide qui nageait au fond de la barque. La foule fit tout d'un coup silence. On attendait. Mais l'Empereur, après avoir humé une gorgée, hocha la tête, comme mal renseigné encore. Il goûta deux fois, de plus en plus embarrassé, l'air inquiet et surpris. Et il dut déclarer :

— Je ne sais pas... C'est drôle... S'il n'y avait pas d'eau de mer, je saurais sans doute... Ma parole d'honneur, c'est très drôle!

On se regarda. On restait frappé de ce que l'Empereur lui-même n'osait se prononcer. Coqueville considérait avec respect le petit tonneau vide.

— C'était bien bon, dit une fois encore Delphin, qui semblait se ficher des gens.

Puis, montrant la mer d'un geste large, il ajouta :

— Si vous en voulez, il y en a encore... J'en ai vu, des petits tonneaux... des petits tonneaux... des petits tonneaux...

Et il se berçait de ce refrain qu'il chantonnait, en regardant Margot doucement. Il venait seulement de l'apercevoir. Furieuse, elle fit le geste de le gifler; mais il ne ferma même pas les yeux, il attendait la claque d'un air tendre.

L'abbé Radiguet, intrigué par cette gourmandise inconnue, trempa lui aussi le doigt dans la barque et le suça. Comme l'Empereur, il hocha la tête : non, il ne connaissait pas ça, c'était très étonnant. On ne tombait d'accord que sur un point : le tonneau devait être une épave du navire en détresse, signalé le dimanche soir. Des navires anglais apportaient souvent ainsi des chargements de liqueurs et de vins fins à Grandport.

Peu à peu, le jour pâlissait, et le monde finit par se retirer dans l'ombre. Mais La Queue restait absorbé, tourmenté d'une idée qu'il ne disait point. Il s'arrêta, il écouta une dernière fois Delphin, qu'on emportait et qui répétait de sa voix chantante :

— Des petits tonneaux... des petits tonneaux... des petits tonneaux... Si vous en voulez, il y en a encore !

III

Cette nuit-là, le temps changea complètement. Lorsque Coqueville s'éveilla, le lendemain, un clair soleil luisait, la mer s'étendait sans un pli, comme une grande pièce de satin vert. Et il faisait chaud, une de ces chaleurs blondes d'automne.

Le premier du village, La Queue s'était levé encore tout embarbouillé de ses rêves de la nuit. Il regarda longtemps la mer, à droite, à gauche. Enfin, l'air maussade, il dit qu'il fallait pourtant contenter M. Mouchel. Et il partit tout de suite avec Tupain et Brisemotte, en menaçant Margot de lui caresser les côtes, si elle ne marchait pas droit. Quand le *Zéphir* quitta le port, et qu'il vit la *Baleine* se balancer lourdement à son amarre, il s'égaya cependant un peu, criant :

— Aujourd'hui, par exemple, bernique !... Souffle

la chandelle, Jeanneton, ces messieurs sont couchés!

Et, dès que le *Zéphir* eut gagné le large, La Queue tendit ses filets. Il alla visiter ensuite ses « jambins ». Les jambins sont des sortes de nasses allongées, dans lesquelles on prend surtout des langoustes et des rougets. Mais, malgré la mer calme, il eut beau visiter un à un ses jambins, tous étaient vides; au fond du dernier, comme par dérision, il trouva un petit maquereau, qu'il rejeta rageusement à la mer. C'était un véritable sort; il y avait comme ça des semaines où le poisson se fichait de Coqueville, et toujours dans les moments où M. Mouchel témoignait un désir. Quand, une heure plus tard, La Queue retira ses filets, il n'amena qu'un paquet d'algues. Du coup, il jura, les poings serrés, d'autant plus en colère, que l'Océan avait une sérénité immense, paresseux et endormi, semblable à une nappe d'argent bruni, sous le ciel bleu. Le *Zéphir*, sans un balancement, glissait avec une douceur lente. La Queue se décida à rentrer, après avoir tendu de nouveau les filets. L'après-midi, il viendrait voir, et il menaçait Dieu et les saints, en sacrant des mots abominables.

Cependant, Rouget, Fouasse et Delphin dormaient toujours. On ne parvint à les mettre debout qu'à l'heure du déjeuner. Ils ne se souvenaient de rien, ils avaient simplement conscience de s'être régalés avec quelque chose d'extraordinaire, qu'ils ne connaissaient pas. L'après-midi, comme ils étaient tous les trois sur le port, l'Empereur essaya de les questionner, maintenant qu'ils avaient leur bon sens. Ça ressemblait peut-être à de l'eau-de-vie avec du jus de réglisse dedans; ou bien, plutôt, on aurait dit du rhum, sucré et brûlé. Ils disaient oui, ils disaient non. D'après leurs réponses, l'Empereur soupçonna que c'était du ratafia; mais il ne l'aurait pas juré. Ce jour-là, Rouget et ses hommes avaient trop mal aux côtes pour aller à la pêche. D'ailleurs, ils savaient que La Queue était sorti inutilement dans la matinée, et ils parlaient d'attendre le lendemain, avant de visiter leurs jambins. Tous les trois assis sur des blocs de pierre, ils regardaient la marée monter, le dos arrondi, la bouche pâteuse, dormant à moitié.

Mais, brusquement, Delphin s'éveilla. Il sauta sur la pierre, les yeux au loin, criant :

— Voyez donc, patron... là-bas!

— Quoi? demanda Rouget qui s'étirait les membres.

— Un tonneau.

Rouget et Fouasse furent aussitôt debout, les regards luisants, fouillant l'horizon.

— Où ça, gamin ? où ça, un tonneau ? répétait le patron, très ému.

— Là bas... à gauche... ce point noir.

Les autres ne voyaient rien. Puis, Rouget poussa un juron.

— Nom de Dieu !

Il venait d'apercevoir le tonneau, gros comme une lentille sur l'eau blanche, dans un rayon oblique du soleil à son coucher. Et il courut à la *Baleine*, suivi par Delphin et Fouasse, qui se précipitaient, tapant leurs derrières de leurs talons et faisant rouler les cailloux.

La *Baleine* sortait du port, lorsque la nouvelle qu'on voyait en mer un tonneau, se répandit dans Coqueville. Les enfants, les femmes se mirent à courir. On criait :

— Un tonneau ! un tonneau !

— Le voyez-vous ? Le courant le pousse à Grand'port.

— Ah ! oui, à gauche... Un tonneau ! Venez vite !

Et Coqueville dégringolait de son rocher, des enfants arrivaient en faisant la roue, tandis que les femmes ramassaient leurs jupes à deux mains, pour descendre plus vite. Bientôt, comme la veille, le village entier fut sur la plage.

Margot s'était montrée un instant, puis elle avait regagné à toutes jambes la maison, où elle voulait prévenir son père, qui discutait un procès-verbal avec l'Empereur. Enfin, La Queue parut. Il était blême, il disait au garde-champêtre :

— Fichez-moi la paix !... C'est Rouget qui vous a envoyé pour m'amuser. Eh bien ! il ne l'aura pas, celui-là. Vous allez voir.

Lorsqu'il aperçut la *Baleine* à trois cents mètres, faisant force de rames vers le point noir qui se balançait au loin, sa fureur redoubla. Et il poussa Tupain et Brisemotte dans le *Zéphir*, il sortit du port à son tour, en répétant :

— Non, ils ne l'auront pas, je crèverais plutôt !

Alors, Coqueville eut un beau spectacle, une course enragée entre le *Zéphir* et la *Baleine*. Quand celle-ci vit l'autre quitter le port, elle comprit le danger, elle fila de toute sa vitesse. Elle pouvait avoir près de quatre cents mètres d'avance ; mais les chances restaient égales, car le *Zéphir* était autrement léger et rapide. Aussi l'émotion se trouvait-elle à son comble sur la plage. Les Mahé et les Floche avaient instinctivement formé deux groupes, suivant avec passion les péripéties de la lutte, chacun soutenant son bateau. D'abord, la *Baleine* garda l'avantage ; mais, lorsque le *Zéphir* eut pris son élan, on le vit qui la gagnait peu à peu. Elle fit un suprême effort, et parvint pendant quelques minutes à conserver les distances. Puis, elle fut de nouveau gagnée, le *Zéphir* arrivait sur elle avec une rapidité extraordinaire. Dès ce moment, il fut évident que les deux barques allaient se rencontrer dans les environs du tonneau. La victoire dépendrait d'une circonstance, de la moindre faute.

— La *Baleine !* la *Baleine !* criaient les Mahé.

Mais ils se turent. Comme la *Baleine* touchait presque le tonneau, le *Zéphir*, par une manœuvre hardie, venait de passer devant elle et de rejeter le tonneau à gauche, où La Queue le harponna d'un coup de gaffe.

— Le *Zéphir !* le *Zéphir !* hurlèrent les Floche.

Et, l'Empereur ayant parlé de traîtrise, il y eut de gros mots échangés. Margot battait des mains. L'abbé Radiguet, descendu avec son bréviaire, fit une remarque profonde, qui calma brusquement le monde et le consterna.

— Ils vont peut-être tout boire, eux aussi, murmura-t-il d'un air mélancolique.

En mer, de la *Baleine* au *Zéphir*, avait éclaté

une violente querelle. Rouget traitait La Queue de voleur, tandis que celui-ci l'appelait propre à rien. Les hommes prirent même leurs rames pour s'assommer; et il s'en fallut de peu que l'aventure ne tournât au combat naval. D'ailleurs, ils se donnaient rendez-vous à terre, en se montrant le poing et en menaçant de se vider le ventre, dès qu'ils se retrouveraient.

— La canaille ! grognait Rouget. Vous savez, le tonneau est plus gros que celui d'hier... Il est jaune, celui-là. Ça doit être du fameux.

Puis, d'un accent désespéré :

— Allons voir les jambins... Peut-être bien qu'il y a des langoustes.

Et la *Baleine* s'éloigna lourdement, se dirigeant vers la pointe, à gauche.

Dans le *Zéphir*, La Queue devait se fâcher pour contenir Tupain et Brisemotte devant le tonneau. La gaffe, en brisant un cercle, avait amené un suintement d'un liquide rouge, que les deux hommes goûtaient du bout du doigt, et qu'ils trouvaient exquis. On pouvait bien en boire un verre, sans que cela tirât à conséquence. Mais La Queue ne voulait pas. Il cala le tonneau et déclara que le premier qui le sucerait aurait à causer avec lui. A terre, on verrait.

— Alors, demanda Tupain maussade, nous allons tirer les jambins ?

— Oui, tout à l'heure, ça ne presse pas, répondit La Queue.

Lui aussi caressait le baril du regard. Il se sentait les membres mous, avec l'envie de rentrer tout de suite, pour goûter à ça. Le poisson l'ennuyait.

— Bah ! dit-il au bout d'un silence, retournons, car il se fait tard... Nous reviendrons demain.

Et il lâchait la pêche, lorsqu'il aperçut un autre tonneau sur sa droite, celui-là tout petit, et qui se tenait debout, tournant sur lui-même comme une toupie. Ce fut le dernier coup pour les filets et les jambins. On n'en parla même plus. Le *Zéphir* donna la chasse au petit baril, qu'il pêcha fort aisément d'ailleurs.

Pendant ce temps, une pareille aventure arrivait à la *Baleine*. Comme Rouget avait déjà visité cinq jambins complètement vides, Delphin, toujours aux aguets, cria qu'il voyait quelque chose. Mais ça n'avait pas l'air d'un tonneau, c'était trop long.

— C'est une poutre, dit Fouasse.

Rouget laissa retomber son sixième jambin, sans le sortir complètement de l'eau.

— Allons voir tout de même, dit-il.

A mesure qu'ils avançaient, ils croyaient reconnaître une planche, une caisse, un tronc d'arbre. Puis, ils poussèrent un cri de joie. C'était un vrai tonneau, mais un tonneau bien drôle, comme jamais ils n'en avaient vu. On aurait dit un tuyau renflé au milieu et fermé aux deux bouts par une couche de plâtre.

— Ah ! il est comique ! cria Rouget ravi. Celui-là, je veux que l'Empereur le goûte... Allons, rentrons, les enfants !

Ils tombèrent d'accord qu'ils n'y toucheraient pas, et la *Baleine* revint à Coqueville, au moment même où, de son côté, le *Zéphir* s'amarrait dans le petit port. Pas un curieux n'avait quitté la plage. Des cris de joie accueillirent cette pêche inespérée de trois tonneaux. Les gamins lançaient leurs casquettes en l'air, tandis que les femmes étaient allées chercher des verres en courant. Tout de suite, on avait décidé de déguster les liquides sur place. Les épaves appartenaient au village. Aucune contestation ne s'éleva. Seulement, il se forma deux groupes, les Mahé entourèrent Rouget, les Floche ne lâchèrent plus La Queue.

— L'Empereur, à vous le premier verre ! cria Rouget. Dites-nous ce que c'est.

La liqueur était d'un beau jaune d'or. Le garde champêtre leva le verre, regarda, flaira, puis se décida à boire.

— Ça vient de Hollande, dit-il après un long silence.

Il ne donna aucun autre renseignement. Tous les Mahé burent avec respect. C'était un peu épais, et ils restaient surpris, à cause d'un goût de fleur. Les femmes trouvèrent ça très bon. Quant aux hommes, ils auraient préféré moins de sucre. Pourtant, au fond, ça finissait par être fort, au troisième ou au quatrième verre. Plus on en buvait, plus on l'aimait. Les hommes s'égayaient et les femmes devenaient drôles.

Mais l'Empereur, malgré ses récentes querelles avec le maire, était allé rôder dans le groupe des Floche. Le tonneau le plus grand donnait une liqueur d'un rouge foncé, tandis qu'on tirait du tout petit un liquide blanc comme de l'eau de roche; et c'était celui-ci qui était le plus raide, un vrai poivre, quelque chose dont la langue pelait. Pas un des Floche ne connaissait ça, ni le rouge, ni le blanc. Il y avait pourtant là des malins. Ça les ennuyait de se régaler sans savoir avec quoi.

— Tenez! l'Empereur, goûtez-moi ça, dit enfin La Queue, faisant ainsi le premier pas.

L'Empereur, qui attendait l'invitation, se posa de nouveau en dégustateur. Pour le rouge, il dit :

— Il y a dé l'orange là-dedans !

Et, pour le blanc, il déclara :

— Ça, c'est du chouette !

On dut se contenter de ces réponses, car il hochait la tête d'un air entendu, avec la mine heureuse d'un homme qui avait satisfait son monde.

Seul, l'abbé Radiguet ne semblait pas convaincu. Il voulait connaître les noms. Selon lui, il avait les noms au bout de la langue ; et, pour se renseigner tout à fait, il buvait des petits verres coup sur coup, en répétant :

— Attendez, attendez, je sais ce que c'est… Tout à l'heure, je vais vous le dire.

Cependant, peu à peu, on s'était égayé dans le groupe des Mahé et dans le groupe des Floche. Ceux-ci surtout riaient fort, parce qu'ils mélangeaient les liqueurs, ce qui les chatouillait davantage. Les uns et les autres, du reste, demeuraient à part. Ils ne s'offrirent pas de leurs tonneaux, ils se jetaient simplement des regards sympathiques, pris du désir inavoué de goûter au liquide du voisin, qui devait être meilleur. Les frères ennemis, Tupain et Fouasse, voisinèrent toute la soirée sans se montrer les poings. On remarqua aussi que

Rouget et sa femme buvaient dans la même tasse. Quant à Margot, elle distribuait la liqueur, chez les Floche; et, comme elle emplissait trop les verres, et que la liqueur lui coulait sur les doigts, elle se les suçait continuellement; si bien que, tout en obéissant à son père qui lui défendait de boire, elle s'était grisée ainsi qu'une fille en vendange. Ça ne lui allait pas mal; au contraire. Elle devenait toute rose, les yeux pareils à des chandelles.

Le soleil se couchait, la soirée était d'une douceur de printemps. Coqueville avait achevé les tonneaux et ne songeait pas à rentrer dîner. On se trouvait trop bien sur la plage. Quand il fit nuit noire, Margot, assise à l'écart, sentit quelqu'un lui souffler sur la nuque. C'était Delphin, très gai, marchant à quatre pattes, rôdant derrière elle comme un loup. Elle retint un cri pour ne pas donner l'éveil à son père, qui aurait envoyé un coup de pied dans le derrière à Delphin.

— Va-t'en, imbécile! murmura-t-elle, moitié fâchée, moitié rieuse. Tu vas te faire prendre!

IV

Le jour suivant, Coqueville, à son réveil, trouva le soleil déjà haut sur l'horizon. Il faisait plus doux encore, une mer assoupie sous un ciel pur, un de ces temps de paresse où il est si bon de ne rien faire. On était au mercredi. Jusqu'au déjeuner, Coqueville se reposa du régal de la veille. Puis, on descendit sur la plage, pour voir.

Ce mercredi-là, la pêche, la veuve Dufeu, M. Mouchel, tout fut oublié. La Queue et Rouget ne parlèrent seulement pas d'aller visiter leurs jambins. Vers trois heures, on signala des tonneaux. Quatre dansaient en face du village. Le *Zéphir* et la *Baleine* se mirent en chasse; mais, comme il y en avait pour tout le monde, on ne se disputa point, chaque bateau eut sa part.

A six heures, après avoir fouillé le petit golfe,

Rouget et La Queue rentrèrent avec chacun trois tonneaux. Et la fête recommença. Les femmes avaient descendu des tables, pour plus de commodité. On apporta même des bancs, on établit deux cafés en plein air, ainsi qu'il y en avait à Grandport. Les Mahé étaient à gauche, les Floche à droite, séparés encore par une butte de sable. Pourtant, ce soir-là, l'Empereur qui allait d'un groupe à l'autre, promena des verres pleins, afin de faire goûter les six tonneaux à tout le monde. Vers neuf heures, on était beaucoup plus gai que la veille. Coqueville, le lendemain, ne put jamais se souvenir de quelle façon il s'était couché.

Le jeudi, le *Zéphir* et la *Baleine* ne pêchèrent que quatre tonneaux, deux chacun ; mais ils étaient énormes. Le vendredi, la pêche fut superbe, inespérée ; il y eut sept tonneaux, trois pour Rouget et quatre pour La Queue. Alors, Coqueville entra dans un âge d'or. On ne faisait plus rien. Les pêcheurs, cuvant les alcools de la veille, dormaient jusqu'à midi. Puis, ils descendaient en flânant sur la plage, ils interrogeaient la mer. Leur seul souci était de se demander quelle liqueur la marée allait leur apporter. Ils restaient là des heures, les yeux braqués ; ils poussaient des cris de joie, dès qu'une épave apparaissait. Les femmes et les enfants, du haut des rochers, signalaient avec de grands gestes jusqu'aux moindres paquets d'algues roulés par la vague. Et, à toute heure, le *Zéphir* et la *Baleine* étaient prêts à partir. Ils sortaient, ils battaient le golfe, ils pêchaient aux tonneaux, comme on pêche au thon, dédaigneux maintenant des maquereaux tranquillisés, qui cabriolaient au soleil, et des soles paresseuses, bercées à fleur d'eau. Coqueville suivait la pêche, en crevant de rire sur le sable. Puis, le soir, on buvait la pêche.

Ce qui enthousiasmait Coqueville, c'était que les tonneaux ne cessaient pas. Quand il n'y en avait plus, il y en avait encore. Il fallait vraiment que le navire qui s'était perdu, eût une jolie cargaison à bord ; et Coqueville, devenu égoïste et gai, plaisantait ce navire naufragé, une vraie cave à liqueurs, de quoi soûler tous les poissons de l'Océan. Avec ça, jamais on ne pêchait un tonneau semblable ; il y en avait de toutes les formes, de toutes les grosseurs, de toutes les couleurs. Puis, à chaque tonneau, c'était un liquide différent. Aussi l'Empereur était-il plongé dans de profondes rêveries ; lui, qui avait bu de tout, il ne s'y reconnaissait plus. La Queue déclarait que jamais il n'avait vu un chargement pareil. L'abbé Radiguet croyait à une commande faite par quelque roi sauvage, voulant monter sa cave. D'ailleurs, Coqueville ne cherchait plus à comprendre, bercé dans des griseries inconnues.

Les dames préféraient les crèmes : il y eût des crèmes de moka, de cacao, de menthe, de vanille. Marie Rouget but un soir tant d'anisette, qu'elle en fut malade. Margot et les autres demoiselles tapèrent sur le curaçao, la bénédictine, la trappistine, la chartreuse. Quant au cassis, il était réservé aux petits enfants. Naturellement, les hommes se réjouissaient davantage, lorsqu'on pêchait des cognacs, des rhums, des genièvres, tout ce qui emportait la bouche. Puis, des surprises se produisaient. Un tonneau de *raki* de Chio au mastic stupéfia Coqueville, qui crut être tombé sur un tonneau d'essence de térébenthine ; on le but tout de même, parce qu'il ne faut rien perdre ; mais on en parla longtemps. L'*arack* de Batavia, l'eau-de-vie suédoise au cumin, le *tuica calugaresca* de Roumanie, le *sliwowitz* de Serbie, bouleversèrent également toutes les idées que Coqueville se faisait de ce qu'on peut avaler. Au fond, il eut un faible pour le kummel et le kirsch, des liqueurs claires comme de l'eau et raides à tuer un homme. Était-il Dieu possible qu'on eût inventé tant de bonnes choses ! A Coqueville, on ne connaissait que l'eau-de-vie; et encore pas tout le monde. Aussi les imaginations finissaient-elles par s'exalter, on en arrivait à une véritable dévotion, en face de cette variété inépuisable, dans ce qui soûle. Oh! se soûler chaque soir avec quelque chose de nouveau, et dont on ignorait même le nom! Ça semblait un conte de fée, une pluie, une fontaine qui aurait craché des liquides extraordinaires, tous les alcools distillés, parfumés avec toutes les fleurs et tous les fruits de la création.

Donc, le vendredi soir, il y avait sept tonneaux sur la plage. Coqueville ne quittait plus la plage. Il y vivait, grâce à la douceur du temps. Jamais, en septembre, on n'avait joui d'une semaine si belle. La fête durait depuis le lundi, et il n'y avait pas de raison pour qu'elle ne durât pas toujours, si la Providence continuait à envoyer des tonneaux; car l'abbé Radiguet voyait là le doigt de la Providence. Toutes les affaires étaient suspendues; à quoi bon trimer, du moment où le plaisir venait en dormant? On était tous bourgeois, des bourgeois qui buvaient des liqueurs chères, sans avoir rien à payer au café. Les mains dans les poches, Coqueville jouissait du soleil, attendait le régal du soir. D'ailleurs, il ne dessoûlait plus; il mettait bout à bout les gaietés du kummel, du kirsch du ratafia; en sept jours, il connut les colères du gin, les attendrissements du curaçao, les rires du cognac. Et Coqueville restait innocent comme l'enfant qui vient de naître, ne sachant rien de rien, buvant avec conviction ce que le bon Dieu lui envoyait.

Ce fut le vendredi que les Mahé et les Floche fraternisèrent. On était très gai, ce soir-là. Déjà, la veille, les distances s'étaient rapprochées, les plus gris avaient piétiné la butte de sable, qui séparait les deux groupes. Il ne restait qu'un pas à faire. Du côté des Floche, les quatre tonneaux se vidaient, tandis que les Mahé achevaient également leurs trois petits barils, juste trois liqueurs qui faisaient le drapeau français, une bleue, une blanche et une rouge. La bleue emplissait les Floche de jalousie, parce qu'une liqueur bleue leur paraissait une chose vraiment surprenante. La Queue, devenu bonhomme, depuis qu'il ne dessoûlait plus, s'avança, un verre à la main, comprenant qu'il devait faire le premier pas, comme magistrat.

— Voyons, Rouget, bégaya-t-il, veux-tu trinquer?

— Je veux bien, répondit Rouget, qui chancelait d'attendrissement.

Et ils tombèrent au cou l'un de l'autre. Alors,

tout le monde pleura, tellement on était ému. Les Mahé et les Floche s'embrassèrent, eux qui se dévoraient depuis trois siècles. L'abbé Radiguet, très touché, parla encore du doigt de Dieu. On trinqua avec les trois liqueurs, la bleue, la blanche et la rouge.

— Vive la France! criait l'Empereur.

La bleue ne valait rien, la blanche pas grand'-chose, mais la rouge était vraiment réussie. On tapa ensuite sur les tonneaux des Floche. Puis, on dansa. Comme il n'y avait pas de musique, des garçons de bonne volonté frappaient dans leurs mains en sifflant, ce qui enlevait les filles. La fête devint superbe. Les sept tonneaux étaient rangés à la file; chacun pouvait choisir ce qu'il aimait le mieux. Ceux qui en avaient assez, s'allongeaient sur le sable, où ils dormaient un somme; et, quand ils se réveillaient, ils recommençaient. Les autres élargissaient peu à peu le bal, prenaient toute la plage. Jusqu'à minuit, on sauta en plein air. La mer avait un bruit doux, les étoiles luisaient dans un ciel profond, d'une paix immense. C'était une sérénité des âges enfants, enveloppant la joie d'une tribu de sauvages, grisée par son premier tonneau d'eau-de-vie.

Pourtant, Coqueville rentrait encore se coucher.

Quand il n'y avait plus rien à boire, les Floche et les Mahé s'aidaient, se portaient, et finissaient tant bien que mal par retrouver leurs lits. Le samedi, la fête dura jusqu'à près de deux heures du matin. On avait pêché six tonneaux, dont deux énormes. Fouasse et Tupain faillirent se battre. Tupain, qui avait l'ivresse méchante, parlait d'en finir avec son frère. Mais cette querelle révolta tout le monde, aussi bien les Floche que les Mahé. Est-ce qu'il était raisonnable de se disputer encore, lorsque le village entier s'embrassait? On força les deux frères à trinquer ensemble; ils rechignaient, l'Empereur se promit de les surveiller. Le ménage Rouget non plus n'allait pas bien. Quand Marie avait bu de l'anisette, elle prodiguait à Brisemotte des amitiés que Rouget ne pouvait voir d'un œil calme; d'autant plus que, devenu sensible, lui aussi voulait être aimé. L'abbé Radiguet, plein de mansuétude, avait beau prêcher le pardon des injures, on redoutait un accident.

— Bah! disait La Queue, tout s'arrangera. Si la pêche est bonne demain, vous verrez... A votre santé!

Pourtant, La Queue lui-même n'était pas encore parfait. Il guettait toujours Delphin, et lui allongeait des coups de pied, dès qu'il le voyait s'approcher de Margot. L'Empereur s'indignait, car il n'y avait pas de bon sens à empêcher deux jeunesses de rire. Mais La Queue jurait toujours de tuer sa fille plutôt que de la donner au petit. D'ailleurs, Margot n'aurait pas voulu.

— N'est-ce pas? tu es trop fière, criait-il. Jamais tu n'épouseras un gueux!

— Jamais, papa! répondait Margot.

Le samedi, Margot but beaucoup d'une liqueur sucrée. On n'avait pas idée d'un sucre pareil. Comme elle ne se méfiait point, elle se trouva bientôt assise près du tonneau. Elle riait, heureuse, en paradis; elle voyait des étoiles, et il lui semblait qu'il y avait en elle une musique jouant des airs de danse. Ce fut alors que Delphin se glissa dans l'ombre des tonneaux. Il lui prit la main, il demanda :

— Dis, Margot, veux-tu?

Elle, souriait toujours. Puis, elle répondit :

— C'est papa qui ne veut pas.

— Oh! ça ne fait rien, reprit le petit. Tu sais, les vieux ne veulent jamais... Pourvu que tu veuilles, toi.

Et il s'enhardit, il lui mit un baiser sur le cou. Elle se rengorgea, des frissons couraient le long de ses épaules.

— Finis, tu me chatouilles.

Mais elle ne parlait plus de lui allonger des claques. D'abord, elle n'aurait pas pu, car elle avait les mains trop molles. Puis, ça lui semblait bon, les petits baisers sur le cou. C'était comme la liqueur qui l'engourdissait, délicieusement. Elle finit par rouler la tête et par tendre le menton, ainsi qu'une chatte.

— Tiens! bégayait-elle, là, sous l'oreille, ça me démange... Oh! c'est bon!

Tous deux oubliaient La Queue. Heureusement, l'Empereur veillait. Il les fit voir à l'abbé Radiguet, en disant:

— Regardez donc, curé... Il vaudrait mieux les marier.

— Les mœurs y gagneraient, déclara sentencieusement le prêtre.

Et il se chargea de l'affaire pour le lendemain. C'était lui qui parlerait à La Queue. En attendant, La Queue avait tellement bu, que l'Empereur et le curé durent le porter chez lui. En chemin, ils tâchèrent de le raisonner au sujet de sa fille; mais ils ne purent en tirer que des grognements. Derrière eux, Delphin ramenait Margot dans la nuit claire.

Le lendemain, à quatre heures, le *Zéphir* et la

Baleine avaient déjà pêché sept tonneaux. A six heures, le *Zéphir* en pêcha deux autres. Ça faisait neuf. Alors, Coqueville fêta le dimanche. C'était le septième jour qu'il se grisait. Et la fête fut complète, une fête comme on n'en avait jamais vu et comme on n'en reverra jamais. Parlez-en dans la basse Normandie, on vous dira avec des rires : « Ah! oui, la fête à Coqueville! »

V

Cependant, dès le mardi, M. Mouchel s'était étonné de ne voir arriver à Grandport ni Rouget ni La Queue. Que diable ces gaillards pouvaient-ils faire? La mer était belle, la pêche aurait dû être superbe. Peut-être bien qu'ils voulaient d'un coup apporter toute une charge de soles et de langoustes. Et il patienta jusqu'au mercredi.

Le mercredi, M. Mouchel se fâcha. Il faut savoir que la veuve Dufeu n'était pas commode. C'était une femme qui, tout de suite, en venait aux gros mots. Bien qu'il fût un beau gaillard, blond et fort, il tremblait devant elle, d'autant plus qu'il rêvait de l'épouser, toujours aux petits soins, quitte à la calmer d'une gifle, s'il devenait jamais le maître. Or, le mercredi matin, la veuve Dufeu tempêta, en se plaignant que les envois ne se faisaient plus, que la marée manquait; et elle l'accusait de courir les filles de la côte, au lieu de s'occuper du merlan et du maquereau, qui auraient dû donner en abondance. M. Mouchel, vexé, se rejeta sur le singulier manque de parole de Coqueville. Un moment, la surprise apaisa la veuve Dufeu. A quoi songeait donc Coqueville? Jamais il ne s'était conduit de la sorte. Mais elle déclara aussitôt qu'elle se fichait de Coqueville, que c'était à M. Mouchel d'aviser, et qu'elle prendrait un parti, s'il se faisait berner encore par les pêcheurs. Du coup, très inquiet, il envoya au diable Rouget et La Queue. Peut-être tout de même qu'ils viendraient le lendemain.

Le lendemain, jeudi, ni l'un ni l'autre ne parut. M. Mouchel, désespéré, monta vers le soir, à gauche de Grandport, sur le rocher d'où l'on découvre au loin Coqueville, avec la tache jaune de sa plage. Il regarda longtemps. Le village avait un air tranquille au soleil, des fumées légères sortaient des cheminées, sans doute les femmes préparaient la soupe. M. Mouchel constata que Coqueville était toujours à sa place, qu'un rocher de la falaise ne l'avait pas écrasé, et il comprit de moins en moins. Comme il allait redescendre, il crut apercevoir deux points noirs dans le golfe, la *Baleine* et le *Zéphir*. Alors, il revint calmer la veuve Dufeu. Coqueville pêchait.

La nuit se passa. On était au vendredi. Toujours pas de Coqueville. M. Mouchel monta plus de dix fois sur son rocher. Il commençait à perdre la tête, la veuve Dufeu le traitait abominablement, sans qu'il trouvât rien à répondre. Coqueville était toujours là-bas, au soleil, se chauffant comme un lézard paresseux. Seulement, M. Mouchel ne vit plus de fumée. Le village semblait mort. Seraient-ils tous crevés dans leurs trous? Sur la plage, il y avait bien un grouillement; mais ce pouvait être des algues poussées par la mer.

Le samedi, toujours personne. La veuve Dufeu ne criait plus : elle avait les yeux fixes, les lèvres blanches. M. Mouchel passa deux heures sur le rocher. Une curiosité grandissait en lui, un besoin tout personnel de se rendre compte de l'étrange immobilité du village. Ces masures sommeillant béatement au soleil, finissaient par l'agacer. Sa résolution fut prise, il partirait le lundi, de très bon matin, et tâcherait d'être là-bas, vers neuf heures.

Ce n'était pas une promenade, que d'aller à Coqueville. M. Mouchel préféra suivre le chemin de terre; il tomberait ainsi sur le village, sans qu'on l'attendît. Une voiture le mena jusqu'à Robigneux, où il la laissa sous une grange, car il n'eût pas été prudent de la risquer au milieu des gorges. Et il partit gaillardement, ayant à faire près de sept kilomètres, dans le plus abominable des chemins. La route est d'ailleurs d'une beauté sauvage; elle descend avec de continuels détours, entre deux rampes énormes de rochers, si étroite par endroits, que trois hommes ne pourraient passer de front. Plus loin, elle longe des précipices; la gorge s'ouvre brusquement; et l'on a des échappées sur la mer, d'immenses horizons bleus. Mais M. Mouchel n'était pas dans un état d'esprit à admirer le paysage. Il jurait, lorsque des pierres roulaient sous ses talons. C'était la faute à Coqueville, il se promettait de secouer ces fainéants de la belle manière. Cependant, il approchait. Tout d'un coup, au tournant de la dernière roche, il aperçut les vingt maisons du village pendues au flanc de la falaise.

Neuf heures sonnaient. On se serait cru en juin, tant le ciel était bleu et chaud; un temps superbe, un air limpide, doré d'une poussière de soleil, rafraîchi d'une bonne odeur marine. M. Mouchel s'engagea dans l'unique rue du village, où il venait bien souvent; et, comme il passait devant la maison de Rouget, il entra. La maison était vide. Il donna ensuite un coup d'œil chez Fouasse, chez Tupain, chez Brisemotte. Pas une âme; toutes les portes ouvertes, et personne dans les salles. Qu'est-ce que cela voulait dire? Un léger froid commençait à lui courir sur la peau. Alors, il songea aux autorités. Certainement, l'Empereur le renseignerait. Mais la maison de l'Empereur était vide comme les autres; jusqu'au garde-champêtre qui manquait! Ce village désert et silencieux le terrifiait maintenant. Il courut chez le maire. Là, une autre surprise l'attendait : le ménage se trouvait dans un gâchis abominable; on n'avait pas fait les lits depuis trois jours; la vaisselle traînait, les chaises culbutées semblaient indiquer quelque bataille. Bouleversé, rêvant des cataclysmes, M. Mouchel voulut aller jusqu'au bout, et il visita l'église. Pas plus de curé que de maire. Tous les pouvoirs et la religion elle-même avaient disparu. Coqueville, abandonné, dormait sans un souffle, sans un chien, sans un chat. Plus même de volailles, les poules s'en étaient allées. Rien, le vide, le silence, un sommeil de plomb, sous le grand ciel bleu.

Parbleu! ce n'était pas étonnant, si Coqueville n'apportait point sa pêche! Coqueville avait déménagé, Coqueville était mort. Il fallait prévenir la police. Cette catastrophe mystérieuse exaltait M. Mouchel, lorsque, ayant eu l'idée de descendre sur la plage, il poussa un cri. Au milieu du sable, la population entière gisait. Il crut à un massacre général. Mais des ronflements sonores vinrent le détromper. Dans la nuit du dimanche, Coqueville avait fait la fête si tard, qu'il s'était trouvé dans l'impossibilité absolue de rentrer se coucher. Alors, il avait dormi sur le sable, à la place même où il était tombé, autour des neuf tonneaux complètement bus.

Oui, tout Coqueville ronflait là; j'entends les enfants, les femmes, les vieillards et les hommes. Pas un n'était debout. Il y en avait sur le ventre, il y en avait sur le dos; d'autres se tenaient en chien de fusil. Comme on fait son lit, on se couche. Et les gaillards se trouvaient semés au petit bonheur de l'ivresse, pareils à une poignée de feuilles que le vent a roulées. Des hommes avaient culbuté, la tête plus basse que les talons. Des femmes montraient leurs derrières. C'était plein de bonhomie, un dortoir au grand air, des braves gens en famille qui se mettent à l'aise; car, où il y a de la gêne, il n'y a pas de plaisir.

Justement on était à la nouvelle lune. Coqueville,

croyant avoir soufflé sa chandelle, s'était abandonné dans le noir. Puis, le jour avait grandi; et, maintenant, le soleil flambait, un soleil qui tombait d'aplomb sur les dormeurs, sans leur faire cligner les paupières. Ils dormaient rudement, tous la face réjouie, avec la belle innocence des ivrognes. Les poules, de grand matin, devaient être descendues piquer les tonneaux, car elles étaient soûles, elles aussi, couchées dans le sable. Même il y avait cinq chats et trois chiens, les pattes en l'air, gris d'avoir sucé les verres, ruisselants de sucre.

Un instant, M. Mouchel marcha au milieu des dormeurs, en ayant soin de n'écraser personne. Il comprenait, car on avait également recueilli à Grandport des tonneaux, provenant du naufrage d'un navire anglais. Toute sa colère était tombée. Quel spectacle touchant et moral! Coqueville réconcilié, les Mahé et les Floche couchés ensemble! Au dernier verre, les pires ennemis s'étaient embrassés. Tupain et Fouasse ronflaient la main dans la main, en frères incapables à l'avenir de se disputer un héritage. Quant au ménage Rouget, il offrait un tableau plus aimable encore, Marie dormait entre Rouget et Brisemotte, comme pour dire que, désormais, ils vivraient ainsi, heureux tous les trois.

Mais un groupe surtout faisait une scène de famille attendrissante. C'était Delphin et Margot, au cou l'un de l'autre; ils sommeillaient, la joue contre la joue, les lèvres encore ouvertes par un baiser. A leurs pieds, l'Empereur, couché en travers, les gardait. Au-dessus d'eux, La Queue ronflait en père satisfait d'avoir casé sa fille, tandis que l'abbé Radiguet, tombé là comme les autres, les bras élargis, semblait les bénir. En dormant, Margot tendait toujours son museau rose, pareille à une chatte amoureuse qui aime qu'on la gratte sous le menton.

La fête avait fini par un mariage. Et M. Mouchel lui-même, plus tard, épousa la veuve Dufeu, qu'il battit comme plâtre. Parlez-en dans la basse Normandie, on vous dira avec des rires : « Ah ! oui, la fête à Coqueville ! »

L'INONDATION

L'INONDATION

I

Je m'appelle Louis Roubieu. J'ai soixante-dix ans, et je suis né au village de Saint-Jory, à quelques lieues de Toulouse, en amont de la Garonne. Pendant quatorze ans, je me suis battu avec la terre, pour manger du pain. Enfin, l'aisance est venue, et le mois dernier, j'étais encore le plus riche fermier de la commune.

Notre maison semblait bénie. Le bonheur y poussait; le soleil était notre frère, et je ne me souviens pas d'une récolte mauvaise. Nous étions près d'une douzaine à la ferme, dans ce bonheur. Il y avait moi, encore gaillard, menant les enfants au travail; puis, mon cadet Pierre, un vieux garçon, un ancien sergent; puis, ma sœur Agathe, qui s'était retirée chez nous après la mort de son mari, une maîtresse femme, énorme et gaie, dont les rires s'entendaient à l'autre bout du village. Ensuite venait toute la nichée : mon fils Jacques, sa femme Rose, et leurs trois filles, Aimée, Véronique et Marie; la première mariée à Cyprien Bouisson, un grand gaillard, dont elle avait deux petits, l'un de deux ans, l'autre de dix mois; la seconde, fiancée d'hier, et qui devait épouser Gaspard Rabuteau; la troisième, enfin, une vraie demoiselle, si blanche, si blonde, qu'elle avait l'air d'être née à la ville. Ça faisait dix, en comptant tout le monde. J'étais grand-père et arrière-grand-père. Quand nous étions à table, j'avais ma sœur Agathe à ma droite, mon frère Pierre à ma gauche; les enfants fermaient le cercle, par rang d'âges, une file où les têtes se rapetissaient jusqu'au bambin de dix mois, qui mangeait déjà sa soupe comme un homme. Allez, on entendait les cuillers dans les assiettes ! La nichée mangeait dur. Et quelle belle gaieté, entre deux coups de dents! Je me sentais de l'orgueil et de la joie dans les veines, lorsque les petits tendaient les mains vers moi, en criant :

— Grand-père, donne-nous donc du pain !... Un gros morceau, hein! grand-père !

Les bonnes journées ! Notre ferme en travail

chantait par toutes ses fenêtres. Pierre, le soir, inventait des jeux, racontait des histoires de son régiment. Tante Agathe, le dimanche, faisait des galettes pour nos filles. Puis, c'étaient des cantiques que savait Marie, des cantiques qu'elle filait avec une voix d'enfant de chœur; elle ressemblait à une sainte, ses cheveux blonds tombant dans son cou, ses mains nouées sur son tablier. Je m'étais décidé à élever la maison d'un étage, lorsque Aimée avait épousé Cyprien; et je disais en riant qu'il faudrait l'élever d'un autre, après le mariage de Véronique et de Gaspard; si bien que la maison aurait fini par toucher le ciel, si l'on avait continué, à chaque ménage nouveau. Nous ne voulions pas nous quitter. Nous aurions plutôt bâti une ville, derrière la ferme, dans notre enclos. Quand les familles sont d'accord, il est si bon de vivre et de mourir où l'on a grandi!

Le mois de mai a été magnifique, cette année. Depuis longtemps, les récoltes ne s'étaient annoncées aussi belles. Ce jour-là, justement, j'avais fait une tournée avec mon fils Jacques. Nous étions partis vers trois heures. Nos prairies, au bord de la Garonne, s'étendaient, d'un vert encore tendre; l'herbe avait bien trois pieds de haut, et une oseraie, plantée l'année dernière, donnait déjà des pousses d'un mètre. De là, nous avions visité nos blés et nos vignes, des champs achetés un par un, à mesure que la fortune venait : les blés poussaient dru, les vignes, en pleine fleur, promettaient une vendange superbe. Et Jacques riait de son bon rire, en me tapant sur l'épaule.

— Eh bien ? père, nous ne manquerons plus de pain ni de vin. Vous avez donc rencontré le bon Dieu, pour qu'il fasse maintenant pleuvoir de l'argent sur vos terres ?

Souvent, nous plaisantions entre nous de la misère passée. Jacques avait raison, je devais avoir gagné là-haut l'amitié de quelque saint ou du bon Dieu lui-même, car toutes les chances dans le pays étaient pour nous. Quand il grêlait, la grêle s'arrêtait juste au bord de nos champs. Si les vignes des voisins tombaient malades, il y avait autour des nôtres comme un mur de protection. Et cela finissait par me paraître juste. Ne faisant de mal à personne, je pensais que ce bonheur m'était dû.

En rentrant, nous avions traversé les terres que nous possédions de l'autre côté du village. Des plantations de mûriers y prenaient à merveille. Il y avait aussi des amandiers en plein rapport. Nous causions joyeusement, nous bâtissions des projets.

Quand nous aurions l'argent nécessaire, nous achèterions certains terrains qui devaient relier nos pièces les unes aux autres et nous faire les propriétaires de tout un coin de la commune. Les récoltes de l'année, si elles tenaient leurs promesses, allaient nous permettre de réaliser ce rêve.

Comme nous approchions de la maison, Rose, de loin, nous adressa de grands gestes, en criant :

— Arrivez donc !

C'était une de nos vaches qui venait d'avoir un veau. Cela mettait tout le monde en l'air. Tante Agathe roulait sa masse énorme. Les filles regardaient le petit. Et la naissance de cette bête semblait comme une bénédiction de plus. Nous avions dû récemment agrandir les étables, où se trouvaient près de cent têtes de bétail, des vaches, des moutons surtout, sans compter les chevaux.

— Allons, bonne journée ! m'écriai-je. Nous boirons ce soir une bouteille de vin cuit.

Cependant, Rose nous prit à l'écart et nous annonça que Gaspard, le fiancé de Véronique, était venu pour s'entendre sur le jour de la noce. Elle l'avait retenu à dîner. Gaspard, le fils aîné d'un fermier de Moranges, était un grand garçon de vingt ans, connu de tout le pays pour sa force prodigieuse ;

dans une fête, à Toulouse, il avait vaincu Martial, le Lion du Midi. Avec cela, bon enfant, un cœur d'or, trop timide même, et qui rougissait quand Véronique le regardait tranquillement en face.

Je priai Rose de l'appeler. Il restait au fond de la cour, à aider nos servantes, qui étendaient le linge de la lessive du trimestre. Quand il fut entré dans la salle à manger, où nous nous tenions, Jacques se tourna vers moi, en disant :

— Parlez, mon père.

— Eh bien ? dis-je, tu viens donc, mon garçon, pour que nous fixions le grand jour ?

— Oui, c'est cela, père Roubieu, répondit-il, les joues très rouges.

— Il ne faut pas rougir, mon garçon, continuai-je. Ce sera, si tu veux, pour la Sainte-Félicité, le 10 juillet. Nous sommes le 23 juin, ça ne fait pas vingt jours à attendre... Ma pauvre défunte femme s'appelait Félicité, et ça vous portera bonheur... Hein ? est-ce entendu ?

— Oui, c'est cela, le jour de la Sainte-Félicité, père Roubieu.

Et il nous allongea dans la main, à Jacques et à moi, une tape qui aurait assommé un bœuf. Puis, il embrassa Rose, en l'appelant sa mère. Ce grand garçon, aux poings terribles, aimait Véronique à en perdre le boire et le manger. Il nous avoua qu'il aurait fait une maladie, si nous la lui avions refusée.

— Maintenant, repris-je, tu restes à dîner, n'est-ce pas ?... Alors, à la soupe tout le monde ! J'ai une faim du tonnerre de Dieu, moi !

Ce soir-là, nous fûmes onze à table. On avait mis Gaspard près de Véronique, et il restait à la regarder, oubliant son assiette, si ému de la sentir à lui, qu'il avait par moments de grosses larmes au bord des yeux. Cyprien et Aimée, mariés depuis trois ans seulement, souriaient. Jacques et Rose, qui avaient déjà vingt-cinq ans de ménage, demeuraient plus graves ; et, pourtant, à la dérobée, ils échangeaient des regards, humides de leur vieille tendresse. Quant à moi, je croyais revivre dans ces deux amoureux, dont le bonheur mettait, à notre table, un coin de paradis. Quelle bonne soupe nous mangeâmes, ce soir-là ! Tante Agathe, ayant toujours le mot pour rire, risqua des plaisanteries. Alors, ce brave Pierre voulut raconter ses amours avec une demoiselle de Lyon. Heureusement, on était au dessert, et tout le monde parlait à la fois. J'avais monté de la cave deux bouteilles de vin cuit. On trinqua à la bonne chance de Gaspard et de Véronique ; cela se dit ainsi chez nous : la bonne chance, c'est de ne jamais se battre, d'avoir beaucoup d'enfants et d'amasser des sacs d'écus. Puis, on chanta. Gaspard savait des chansons d'amour en patois. Enfin, on demanda un cantique à Marie : elle s'était mise debout, elle avait une voix de flageolet, très fine, et qui vous chatouillait les oreilles.

Pourtant, j'étais allé devant la fenêtre. Comme Gaspard venait m'y rejoindre, je lui dis :

— Il n'y a rien de nouveau, par chez vous ?

— Non, répondit-il. On parle des grandes pluies de ces jours derniers, on prétend que ça pourrait bien amener des malheurs.

En effet, les jours précédents, il avait plu pendant soixante heures, sans discontinuer. La Garonne était très grosse depuis la veille; mais nous avions confiance en elle; et, tant qu'elle ne débordait pas, nous ne pouvions la croire mauvaise voisine. Elle nous rendait de si bons services ! elle avait une nappe d'eau si large et si douce ! Puis, les paysans ne quittent pas aisément leur trou, même quand le toit est près de crouler.

— Bah ! m'écriai-je en haussant les épaules, il n'y aura rien. Tous les ans, c'est la même chose : la rivière fait le gros dos, comme si elle était furieuse, et elle s'apaise en une nuit, elle rentre chez elle, plus innocente qu'un agneau. Tu verras, mon garçon ; ce sera encore pour rire, cette fois... Tiens, regarde donc le beau temps !

Et, de la main, je lui montrais le ciel. Il était sept heures, le soleil se couchait. Ah ! que de bleu ! Le ciel n'était que du bleu, une nappe bleue immense, d'une pureté profonde, où le soleil couchant volait comme une poussière d'or. Il tombait de là-haut une joie lente, qui gagnait tout l'horizon. Jamais je n'avais vu le village s'assoupir dans une paix si douce. Sur les tuiles, une teinte rose se mourait. J'entendais le rire d'une voisine, puis des voix d'enfants au tournant de la route, devant chez nous. Plus loin, montaient, adoucis par la distance, des bruits de troupeaux rentrant à l'étable. La grosse voix de la Garonne ronflait, continue ; mais elle me semblait la voix même du silence, tant j'étais habitué à son grondement. Peu à peu, le ciel blanchissait, le village s'endormait davantage. C'était le soir d'un beau jour, et je pensais que tout notre bonheur, les grandes récoltes, la maison heureuse, les fiançailles de Véronique, pleuvant de là-haut, nous arrivaient dans la pureté même de la lumière. Une bénédiction s'élargissait sur nous, avec l'adieu du soir.

Cependant, j'étais revenu au milieu de la pièce.

Nos filles bavardaient. Nous les écoutions en souriant, lorsque, tout à coup, dans la grande sérénité de la campagne, un cri terrible retentit, un cri de détresse et de mort :

— La Garonne ! la Garonne !

II

Nous nous précipitâmes dans la cour.

Saint-Jory se trouve au fond d'un pli de terrain, en contre-bas de la Garonne, à cinq cents mètres environ. Des rideaux de hauts peupliers, qui coupent les prairies, cachent la rivière complètement.

Nous n'apercevions rien. Et toujours le cri retentissait :

— La Garonne ! la Garonne !

Brusquement, du large chemin, devant nous, débouchèrent deux hommes et trois femmes; une d'elles tenait un enfant entre les bras. C'étaient eux qui criaient, affolés, galopant à toutes jambes sur la terre dure. Ils se tournaient parfois, ils regardaient derrière eux, le visage terrifié, comme si une bande de loups les eût poursuivis.

— Eh bien ? qu'ont-ils donc ? demanda Cyprien.

Est-ce que vous distinguez quelque chose, grand-père?

— Non, non, dis-je. Les feuillages ne bougent même pas.

En effet, la ligne basse de l'horizon, paisible, dormait. Mais je parlais encore, lorsqu'une exclamation nous échappa. Derrière les fuyards, entre les troncs des peupliers, au milieu des grandes touffes d'herbe, nous venions de voir apparaître comme une meute de bêtes grises, tachées de jaune, qui se ruaient. De toutes parts, elles pointaient à la fois, des vagues poussant des vagues, une débandade de masses d'eau moutonnant sans fin, secouant des baves blanches, ébranlant le sol du galop sourd de leur foule.

A notre tour, nous jetâmes le cri désespéré:

— La Garonne! la Garonne!

Sur le chemin, les deux hommes et les trois femmes couraient toujours. Ils entendaient le terrible galop gagner le leur. Maintenant, les vagues arrivaient en une seule ligne, roulantes, s'écroulant avec le tonnerre d'un bataillon qui charge. Sous leur premier choc, elles avaient cassé trois peupliers, dont les hauts feuillages s'abattirent et disparurent. Une cabane de planches fut engloutie; un mur creva; des charrettes dételées s'en allèrent, pareilles à des brins de paille. Mais les eaux semblaient surtout poursuivre les fuyards. Au coude de la route, très en pente à cet endroit, elles tombèrent brusquement en une nappe immense et leur coupèrent toute retraite. Ils couraient encore cependant, éclaboussant la mare à grandes enjambées, ne criant plus, fous de terreur. Les eaux les prenaient aux genoux. Une vague énorme se jeta sur la femme qui portait l'enfant. Tout s'engouffra.

—Vite! vite! criai-je. Il faut rentrer... La maison est solide. Nous ne craignons rien.

Par prudence, nous nous réfugiâmes tout de suite au second étage. On fit passer les filles les premières. Je m'entêtais à ne monter que le dernier. La maison était bâtie sur un tertre, au-dessus de la route. L'eau envahissait la cour, doucement, avec un petit bruit. Nous n'étions pas très effrayés.

— Bah! disait Jacques pour rassurer son monde, ce ne sera rien... Vous vous rappelez, mon père, en 55, l'eau est comme ça venue dans la cour. Il y en a eu un pied; puis, elle s'en est allée.

— C'est fâcheux pour les récoltes tout de même, murmura Cyprien, à demi-voix.

— Non, non, ce ne sera rien, repris-je à mon

tour, en voyant les grands yeux suppliants de nos filles.

Aimée avait couché ses deux enfants dans son lit. Elle se tenait au chevet, assise, en compagnie de Véronique et de Marie. Tante Agathe parlait de faire chauffer du vin qu'elle avait monté, pour nous donner du courage à tous. Jacques et Rose, à la même fenêtre, regardaient. J'étais devant l'autre fenêtre, avec mon frère, Cyprien et Gaspard.

— Montez donc ! criai-je à nos deux servantes, qui pataugeaient au milieu de la cour. Ne restez pas à vous mouiller les jambes.

— Mais les bêtes ? dirent-elles. Elles ont peur, elles se tuent dans l'étable.

— Non, non, montez.. Tout à l'heure. Nous verrons.

Le sauvetage du bétail était impossible, si le désastre devait grandir. Je croyais inutile d'épouvanter nos gens. Alors, je m'efforçai de montrer une grande liberté d'esprit. Accoudé à la fenêtre, je causais, j'indiquais les progrès de l'inondation. La rivière, après s'être ruée à l'assaut du village, le possédait jusque dans ses plus étroites ruelles. Ce n'était plus une charge de vagues galopantes, mais un étouffement lent et invincible. Le creux, au fond duquel Saint-Jory est bâti, se changeait en lac. Dans notre cour, l'eau atteignit bientôt un mètre. Je la voyais monter; mais j'affirmais qu'elle restait stationnaire, j'allais même jusqu'à prétendre qu'elle baissait.

— Te voilà forcé de coucher ici, mon garçon, dis-je en me tournant vers Gaspard. A moins que les chemins ne soient libres dans quelques heures... C'est bien possible.

Il me regarda, sans répondre, la figure toute pâle; et je vis ensuite son regard se fixer sur Véronique, avec une angoisse inexprimable.

Il était huit heures et demie. Au dehors, il faisait jour encore, un jour blanc, d'une tristesse profonde sous le ciel pâle. Les servantes, avant de monter, avaient eu la bonne idée d'aller prendre deux lampes. Je les fis allumer, pensant que leur lumière égaierait un peu la chambre déjà sombre, où nous nous étions réfugiés. Tante Agathe, qui avait roulé une table au milieu de la pièce, voulait organiser une partie de cartes. La digne femme, dont les yeux cherchaient par moments les miens, songeait surtout à distraire les enfants. Sa belle humeur gardait une vaillance superbe; et elle riait pour combattre l'épouvante qu'elle sentait grandir autour d'elle. La partie eut lieu. Tante Agathe plaça de force à la table Aimée, Véronique et

Marie. Elle leur mit les cartes dans les mains, joua elle-même d'un air de passion, battant, coupant, distribuant le jeu, avec une telle abondance de paroles, qu'elle étouffait presque le bruit des eaux. Mais nos filles ne pouvaient s'étourdir ; elles demeuraient toutes blanches, les mains fiévreuses, l'oreille tendue. A chaque instant, la partie s'arrêtait. Une d'elles se tournait, me demandait à demi-voix :

— Grand-père, ça monte toujours ?

L'eau montait avec une rapidité effrayante. Je plaisantais, je répondais :

— Non, non, jouez tranquillement. Il n'y a pas de danger.

Jamais je n'avais eu le cœur serré par une telle angoisse. Tous les hommes s'étaient placés devant les fenêtres, pour cacher le terrifiant spectacle. Nous tâchions de sourire, tournés vers l'intérieur de la chambre, en face des lampes paisibles, dont le rond de clarté tombait sur la table, avec une douceur de veillée. Je me rappelais nos soirées d'hiver, lorsque nous nous réunissions autour de cette table. C'était le même intérieur endormi, plein d'une bonne chaleur d'affection. Et, tandis que la paix était là, j'écoutais derrière mon dos le rugissement de la rivière lâchée, qui montait toujours.

— Louis, me dit mon frère Pierre, l'eau est à trois pieds de la fenêtre. Il faudrait aviser.

Je le fis taire, en lui serrant le bras. Mais il n'était plus possible de cacher le péril. Dans nos étables, les bêtes se tuaient. Il y eut tout d'un coup des bêlements, des beuglements de troupeaux affolés; et les chevaux poussaient ces cris rauques, qu'on entend de si loin, lorsqu'ils sont en danger de mort.

— Mon Dieu! mon Dieu! dit Aimée, qui se mit debout, les poings aux tempes, secouée d'un grand frisson.

Toutes s'étaient levées, et on ne put les empêcher de courir aux fenêtres. Elles y restèrent, droites, muettes, avec leurs cheveux soulevés par le vent de la peur. Le crépuscule était venu. Une clarté louche flottait au-dessus de la nappe limoneuse. Le ciel pâle avait l'air d'un drap blanc jeté sur la terre. Au loin, des fumées traînaient. Tout se brouillait, c'était une fin de jour épouvantée s'éteignant dans une nuit de mort. Et pas un bruit humain, rien que le ronflement de cette mer élargie à l'infini, rien que les beuglements et les hennissements des bêtes !

— Mon Dieu! mon Dieu! répétaient à demi-voix les femmes, comme si elles avaient craint de parler tout haut.

Un craquement terrible leur coupa la parole. Les bêtes furieuses venaient d'enfoncer les portes des étables. Elles passèrent dans les flots jaunes, roulées, emportées par le courant. Les moutons étaient charriés comme des feuilles mortes, en bandes, tournoyant au milieu des remous. Les vaches et les chevaux luttaient, marchaient, puis perdaient pied. Notre grand cheval gris surtout ne voulait pas mourir; il se cabrait, tendait le cou, soufflait avec un bruit de forge; mais les eaux acharnées le prirent à la croupe, et nous le vîmes, abattu, s'abandonner.

Alors, nous poussâmes nos premiers cris. Cela nous vint à la gorge, malgré nous. Nous avions besoin de crier. Les mains tendues vers toutes ces chères bêtes qui s'en allaient, nous nous lamentions, sans nous entendre les uns les autres, jetant au dehors les pleurs et les sanglots que nous avions contenus jusque là. Ah! c'était bien la ruine! les récoltes perdues, le bétail noyé, la fortune changée en quelques heures! Dieu n'était pas juste; nous ne lui avions rien fait, et il nous reprenait tout. Je montrai le poing à l'horizon. Je parlai de notre promenade de l'après-midi, de ces prairies, de ces blés, de ces vignes, que nous avions trouvés si pleins de promesses. Tout cela mentait donc? Le bonheur mentait. Le soleil mentait, quand il se couchait si doux et si calme, au milieu de la grande sérénité du soir.

L'eau montait toujours. Pierre, qui la surveillait, me cria :

— Louis, méfions-nous, l'eau touche à la fenêtre.

Cet avertissement nous tira de notre crise de désespoir. Je revins à moi, je dis en haussant les épaules :

— L'argent n'est rien. Tant que nous serons tous là, il n'y aura pas de regret à avoir... On en sera quitte pour se remettre au travail.

— Oui, oui, vous avez raison, mon père, reprit Jacques fiévreusement. Et nous ne courons aucun danger, les murs sont bons... Nous allons monter sur le toit.

Il ne nous restait que ce refuge. L'eau, qui avait gravi l'escalier marche à marche, avec un clapotement obstiné, entrait déjà par la porte. On se précipita vers le grenier, ne se lâchant pas d'une enjambée, par ce besoin qu'on a, dans le péril, de se sentir les uns contre les autres. Cyprien avait disparu. Je l'appelai, et je le vis revenir des pièces voisines, la face bouleversée. Alors, comme je m'apercevais également de l'absence de nos deux servantes et que je voulais les attendre, il me regarda étrangement, il me dit tout bas :

— Mortes. Le coin du hangar, sous leur chambre, vient de s'écrouler.

Les pauvres filles devaient être allées chercher leurs économies, dans leurs malles. Il me raconta, toujours à demi voix, qu'elles s'étaient servi d'une échelle, jetée en manière de pont, pour gagner le bâtiment voisin. Je lui recommandai de ne rien dire. Un grand froid avait passé sur ma nuque. C'était la mort qui entrait dans la maison.

Quand nous montâmes à notre tour, nous ne songeâmes pas même à éteindre les lampes. Les cartes restèrent étalées sur la table. Il y avait déjà un pied d'eau dans la chambre.

III

Le toit, heureusement, était vaste et de pente douce. On y montait par une fenêtre à tabatière, au-dessus de laquelle se trouvait une sorte de plate-forme. Ce fut là que tout notre monde se réfugia. Les femmes s'étaient assises. Les hommes allaient tenter des reconnaissances sur les tuiles, jusqu'aux grandes cheminées, qui se dressaient, aux deux bouts de la toiture. Moi, appuyé à la lucarne par où nous étions sortis, j'interrogeais les quatre points de l'horizon.

— Des secours ne peuvent manquer d'arriver, disais-je bravement. Les gens de Saintin ont des barques. Ils vont passer par ici... Tenez ! là-bas, n'est-ce pas une lanterne sur l'eau ?

Mais personne ne me répondait. Pierre, sans trop savoir ce qu'il faisait, avait allumé sa pipe, et il fumait si rudement, qu'à chaque bouffée il crachait des bouts de tuyau. Jacques et Cyprien regardaient au loin, la face morne; tandis que Gaspard, serrant les poings, continuait de tourner sur le toit, comme s'il eût cherché une issue. A nos pieds, les femmes en tas, muettes, grelottantes, se cachaient la face pour ne plus voir. Pourtant, Rose leva la tête, jeta un coup d'œil autour d'elle, en demandant:

— Et les servantes, où sont-elles? pourquoi ne montent-elles pas?

J'évitai de répondre. Elle m'interrogea alors directement, les yeux sur les miens.

— Où donc sont les servantes?

Je me détournai, ne pouvant mentir. Et je sentis ce froid de la mort qui m'avait déjà effleuré, passer sur nos femmes et sur nos chères filles. Elles avaient compris. Marie se leva toute droite, eut un gros soupir, puis s'abattit, prise d'une crise de larmes. Aimée tenait serrés dans ses jupes ses deux enfants, qu'elle cachait comme pour les défendre. Véronique, la face entre les mains, ne bougeait plus. Tante Agathe, elle-même, toute pâle, faisait de grands signes de croix, en balbutiant des *Pater* et des *Ave*.

Cependant, autour de nous, le spectacle devenait d'une grandeur souveraine. La nuit, tombée complètement, gardait une limpidité de nuit d'été. C'était un ciel sans lune, mais un ciel criblé d'étoiles, d'un bleu si pur, qu'il emplissait l'espace d'une lumière bleue. Il semblait que le crépuscule se continuait, tant l'horizon restait clair. Et la nappe immense s'élargissait encore sous cette douceur du ciel, toute blanche, comme lumineuse elle-même d'une clarté propre, d'une phosphorescence qui allumait de petites flammes à la crête de chaque flot. On ne distinguait plus la terre, la plaine devait être envahie. Par moments, j'oubliais le danger. Un soir, du côté de Marseille, j'avais aperçu ainsi la mer, j'étais resté devant elle béant d'admiration.

— L'eau monte, l'eau monte, répétait mon frère Pierre, en cassant toujours entre ses dents le tuyau de sa pipe, qu'il avait laissée s'éteindre.

L'eau n'était plus qu'à un mètre du toit. Elle perdait sa tranquillité de nappe dormante. Des courants s'établissaient. A une certaine hauteur, nous cessions d'être protégés par le pli de terrain, qui se trouve en avant du village. Alors, en moins d'une heure, l'eau devint menaçante, jaune, se ruant sur la maison, charriant des épaves, tonneaux défoncés, pièces de bois, paquets d'herbes. Au loin, il y avait maintenant des assauts contre des murs, dont nous entendions les chocs retentissants. Des peupliers tombaient avec un craquement de mort, des maisons s'écroulaient, pareilles à des charretées de cailloux vidées au bord d'un chemin.

Jacques, déchiré par les sanglots des femmes, répétait :

— Nous ne pouvons demeurer ici. Il faut tenter quelque chose... Mon père, je vous en supplie, tentons quelque chose.

Je balbutiais, je disais après lui :

— Oui, oui, tentons quelque chose.

Et nous ne savions quoi. Gaspard offrait de prendre Véronique sur son dos, de l'emporter à la nage. Pierre parlait d'un radeau. C'était fou. Cyprien dit enfin :

— Si nous pouvions seulement atteindre l'église.

Au-dessus des eaux, l'église restait debout, avec son petit clocher carré. Nous en étions séparés par sept maisons. Notre ferme, la première du village, s'adossait à un bâtiment plus haut, qui lui-même était appuyé au bâtiment voisin. Peut-être, par les toits, pourrait-on en effet gagner le presbytère, d'où il était aisé d'entrer dans l'église. Beaucoup de monde déjà devait s'y être réfugié ; car les toitures voisines se trouvaient vides, et nous entendions des voix qui venaient sûrement du clocher. Mais que de dangers pour arriver jusque-là !

— C'est impossible, dit Pierre. La maison des Raimbeau est trop haute. Il faudrait des échelles.

— Je vais toujours voir, reprit Cyprien. Je reviendrai, si la route est impraticable. Autrement, nous nous en irions tous, nous porterions les filles.

Je le laissai aller. Il avait raison. On devait tenter l'impossible. Il venait, à l'aide d'un crampon de fer, fixé dans une cheminée, de monter sur la maison voisine, lorsque sa femme Aimée, en levant la tête, vit qu'il n'était plus là. Elle cria :

— Où est-il? Je ne veux pas qu'il me quitte. Nous sommes ensemble, nous mourrons ensemble.

Quand elle l'aperçut en haut de la maison, elle courut sur les tuiles, sans lâcher ses enfants. Et elle disait :

— Cyprien, attends-moi. Je vais avec toi, je veux mourir avec toi.

Elle s'entêta. Lui, penché, la suppliait, en lui affirmant qu'il reviendrait, que c'était pour notre salut à tous. Mais, d'un air égaré, elle hochait la tête, elle répétait :

— Je vais avec toi, je vais avec toi. Qu'est-ce que ça te fait? je vais avec toi.

Il dut prendre les enfants. Puis, il l'aida à monter. Nous pûmes les suivre sur la crête de la maison. Ils marchaient lentement. Elle avait repris dans ses bras les enfants qui pleuraient ; et lui, à chaque pas, se retournait, la soutenait.

— Mets-la en sûreté, reviens tout de suite! criai-je.

Je l'aperçus qui agitait la main, mais le grondement des eaux m'empêcha d'entendre sa réponse. Bientôt, nous ne les vîmes plus. Ils étaient descendus sur l'autre maison, plus basse que la première. Au bout de cinq minutes, ils reparurent sur la troisième, dont le toit devait être très en pente, car ils se traînaient à genoux le long du faîte. Une épouvante soudaine me saisit. Je me mis à crier, les mains aux lèvres, de toutes mes forces :

— Revenez! revenez!

Et tous, Pierre, Jacques, Gaspard, leur criaient aussi de revenir. Nos voix les arrêtèrent une minute. Mais ils continuèrent ensuite d'avancer. Maintenant, ils se trouvaient au coude formé par la rue, en face de la maison Raimbeau, une haute bâtisse dont le toit dépassait celui des maisons voisines de trois mètres au moins. Un instant, ils hésitèrent. Puis, Cyprien monta le long d'un tuyau de cheminée, avec une agilité de chat. Aimée, qui avait dû consentir à l'attendre, restait debout au milieu des tuiles. Nous la distinguions nettement, serrant ses enfants contre sa poitrine, toute noire sur le ciel clair, comme grandie. Et c'est alors que l'épouvantable malheur commença.

La maison des Raimbeau, destinée d'abord à une exploitation industrielle, était très légèrement bâtie. En outre, elle recevait en pleine façade le courant de la rue. Je croyais la voir trembler sous les attaques de l'eau ; et, la gorge serrée, je suivais Cyprien, qui traversait le toit. Tout à coup, un grondement se fit entendre. La lune se levait, une lune ronde, libre dans le ciel, et dont la face jaune éclairait le lac immense d'une lueur vive de lampe. Pas un détail de la catastrophe ne fut perdu pour nous. C'était la maison des Raimbeau qui venait de s'écrouler. Nous avions jeté un cri de terreur, en voyant Cyprien disparaître. Dans l'écroulement, nous ne distinguions qu'une tempête, un rejaillissement de vagues sous les débris de la toiture. Puis, le calme se fit, la nappe reprit son niveau, avec le trou noir de la maison engloutie, hérissant hors de l'eau la carcasse de ses planchers fendus. Il y avait là un amas de poutres enchevêtrées, une charpente de cathédrale à demi détruite. Et, entre ces poutres, il me sembla voir un corps remuer, quelque chose de vivant tenter des efforts surhumains.

— Il vit! criai-je. Ah! Dieu soit loué, il vit!... Là, au-dessus de cette nappe blanche que la lune éclaire!

Un rire nerveux nous secouait. Nous tapions dans nos mains de joie, comme sauvés nous-mêmes.

— Il va remonter, disait Pierre.

— Oui, oui, tenez! expliquait Gaspard, le voilà qui tâche de saisir la poutre, à gauche.

Mais nos rires cessèrent. Nous n'échangeâmes plus un mot, la gorge serrée par l'anxiété. Nous venions de comprendre la terrible situation où était Cyprien. Dans la chute de la maison, ses pieds se trouvaient pris entre deux poutres; et il demeurait pendu, sans pouvoir se dégager, la tête en bas, à quelques centimètres de l'eau. Ce fut une agonie effroyable. Sur le toit de la maison voisine, Aimée était toujours debout, avec ses deux enfants. Un tremblement convulsif la secouait. Elle assistait à la mort de son mari, elle ne quittait pas du regard le malheureux, sous elle, à quelques mètres d'elle. Et elle poussait un hurlement continu, un hurlement de chien, fou d'horreur.

— Nous ne pouvons le laisser mourir ainsi, dit Jacques éperdu. Il faut aller là-bas.

— On pourrait peut-être encore descendre le long des poutres, fit remarquer Pierre. On le dégagerait.

Et ils se dirigeaient vers les toits voisins, lorsque la deuxième maison s'écroula à son tour. La route se trouvait coupée. Alors, un froid nous glaça. Nous nous étions pris les mains, machinalement; nous nous les serrions à les broyer, sans pouvoir détacher nos regards de l'affreux spectacle.

Cyprien avait d'abord tâché de se raidir. Avec une force extraordinaire, il s'était écarté de l'eau, il maintenait son corps dans une position oblique. Mais la fatigue le brisait. Il lutta pourtant, voulut se rattraper aux poutres, lança les mains autour de lui, pour voir s'il ne rencontrerait rien où s'accrocher. Puis, acceptant la mort, il retomba, il pendit de nouveau, inerte. La mort fut lente à venir. Ses cheveux trempaient à peine dans l'eau, qui montait avec patience. Il devait en sentir la fraîcheur au sommet du crâne. Une première vague lui mouilla le front. D'autres fermèrent les yeux. Lentement, nous vîmes la tête disparaître.

Les femmes, à nos pieds, avaient enfoncé leur

visage entre leurs mains jointes. Nous-mêmes, nous tombâmes à genoux, les bras tendus, pleurant, balbutiant des supplications. Sur la toiture, Aimée toujours debout, avec ses enfants serrés contre elle, hurlait plus fort dans la nuit.

IV

J'ignore combien de temps nous restâmes dans la stupeur de cette crise. Quand je revins à moi, l'eau avait grandi encore. Maintenant, elle atteignait les tuiles; le toit n'était plus qu'une île étroite, émergeant de la nappe immense. A droite, à gauche, les maisons avaient dû s'écrouler. La mer s'étendait.

— Nous marchons, murmurait Rose qui se cramponnait aux tuiles.

Et nous avions tous, en effet, une sensation de roulis, comme si la toiture emportée se fût changée en radeau. Le grand ruissellement semblait nous charrier. Puis, quand nous regardions le clocher de l'église, immobile en face de nous, ce vertige cessait; nous nous retrouvions à la même place, dans la houle des vagues.

L'eau, alors, commença l'assaut. Jusque-là, le courant avait suivi la rue; mais les décombres qui la barraient à présent, le faisaient refluer. Ce fut une attaque en règle. Dès qu'une épave, une poutre, passait à la portée du courant, il la prenait, la balançait, puis la précipitait contre la maison comme un bélier. Et il ne la lâchait plus, il la retirait en arrière, pour la lancer de nouveau, en battait les murs à coups redoublés, régulièrement. Bientôt, dix, douze poutres nous attaquèrent ainsi à la fois, de tous les côtés. L'eau rugissait. Des crachements d'écume mouillaient nos pieds. Nous entendions le gémissement sourd de la maison pleine d'eau, sonore, avec ses cloisons qui craquaient déjà. Par moments, à certaines attaques plus rudes, lorsque les poutres tapaient d'aplomb, nous pensions que c'était fini, que les murailles s'ouvraient et nous livraient à la rivière, par leurs brèches béantes.

Gaspard s'était risqué au bord même du toit. Il parvint à saisir une poutre, la tira de ses gros bras de lutteur.

— Il faut nous défendre, criait-il.

Jacques, de son côté, s'efforçait d'arrêter au passage une longue perche. Pierre l'aida. Je maudissais l'âge, qui me laissait sans force, aussi faible qu'un enfant. Mais la défense s'organisait, un duel, trois hommes contre un fleuve. Gaspard, tenant sa poutre en arrêt, attendait les pièces de bois dont le courant faisait des béliers; et, rudement, il les arrêtait, à une courte distance des murs. Parfois, le choc était si violent, qu'il tombait. A côté de lui, Jacques et Pierre manœuvraient la longue perche, de façon à écarter également les épaves. Pendant près d'une heure, cette lutte inutile dura. Peu à peu, ils perdaient la tête, jurant, tapant, insultant l'eau. Gaspard la sabrait, comme s'il se fût pris corps à corps avec elle, la trouait de coups de pointe ainsi qu'une poitrine. Et l'eau gardait sa tranquille obstination, sans une blessure, invincible. Alors, Jacques et Pierre s'abandonnèrent sur le toit, exténués; tandis que Gaspard, dans un dernier élan, se laissait arracher par le courant sa poutre, qui, à son tour, nous battit en brèche. Le combat était impossible.

Marie et Véronique s'étaient jetées dans les bras l'une de l'autre. Elles répétaient, d'une voix déchirée, toujours la même phrase, une phrase d'épouvante que j'entends encore sans cesse à mes oreilles :

— Je ne veux pas mourir!... Je ne veux pas mourir!

Rose les entourait de ses bras. Elle cherchait à

les consoler, à les rassurer; et elle-même, toute grelottante, levait sa face et criait malgré elle :

— Je ne veux pas mourir !

Seule, tante Agathe ne disait rien. Elle ne priait plus, ne faisait plus le signe de la croix. Hébétée, elle promenait ses regards, et tâchait encore de sourire, quand elle rencontrait mes yeux.

L'eau battait les tuiles, maintenant. Aucun secours n'était à espérer. Nous entendions toujours des voix, du côté de l'église; deux lanternes, un moment, avaient passé au loin; et le silence de nouveau s'élargissait, la nappe jaune étalait son immensité nue. Les gens de Saintin, qui possédaient des barques, devaient avoir été surpris avant nous.

Gaspard, cependant, continuait à rôder sur le toit. Tout d'un coup, il nous appela. Et il disait :

— Attention !... Aidez-moi. Tenez-moi ferme.

Il avait repris une perche, il guettait une épave, énorme, noire, dont la masse nageait doucement vers la maison. C'était une large toiture de hangar, faite de planches solides, que les eaux avaient arrachée tout entière, et, qui flottait, pareille à un radeau. Quand cette toiture fut à sa portée, il l'arrêta avec sa perche; et, comme il se sentait emporté, il nous criait de l'aider. Nous l'avions saisi par la taille, nous le tenions ferme. Puis, dès que l'épave entra dans le courant, elle vint d'elle-même aborder contre notre toit, si rudement même, que nous eûmes peur un instant de la voir voler en éclats.

Gaspard avait hardiment sauté sur ce radeau que le hasard nous envoyait. Il le parcourait en tous sens, pour s'assurer de sa solidité, pendant que Pierre et Jacques le maintenaient au bord du toit; et il riait, il disait joyeusement :

— Grand-père, nous voilà sauvés... Ne pleurez plus, les femmes!... Un vrai bateau. Tenez! mes pieds sont à sec. Et il nous portera bien tous. Nous allons être comme chez nous, là-dessus!

Pourtant, il crut devoir le consolider. Il saisit les poutres qui flottaient, les lia avec des cordes, que Pierre avait emportées à tout hasard, en quittant les chambres du bas. Il tomba même dans l'eau; mais, au cri qui nous échappa, il répondit par de nouveaux rires. L'eau le connaissait, il faisait une lieue de Garonne à la nage. Remonté sur le toit, il se secoua, en s'écriant :

— Voyons, embarquez, ne perdons pas de temps.

Les femmes s'étaient mises à genoux. Gaspard dût porter Véronique et Marie au milieu du radeau, où il les fit asseoir. Rose et tante Agathe glissèrent d'elles-mêmes sur les tuiles et allèrent se placer auprès des jeunes filles. A ce moment, je regardai du côté de l'église. Aimée était toujours là. Elle s'adossait maintenant contre une cheminée, et elle tenait ses enfants en l'air, au bout des bras, ayant déjà de l'eau jusqu'à la ceinture.

— Ne vous affligez pas, grand-père, me dit Gaspard. Nous allons la prendre en passant, je vous le promets.

Pierre et Jacques étaient montés sur le radeau. J'y sautai à mon tour. Il penchait un peu d'un côté, mais il était réellement assez solide pour nous porter tous. Enfin, Gaspard quitta le toit le dernier, en nous disant de prendre des perches, qu'il avait préparées et qui devaient nous servir de rames. Lui-même en tenait une très longue, dont il se servait avec une grande habileté. Nous nous laissions commander par lui. Sur un ordre qu'il nous donna, nous appuyâmes tous nos perches contre les tuiles pour nous éloigner. Mais il semblait que le radeau fût collé au toit. Malgré tous nos efforts, nous ne pouvions l'en détacher. A chaque nouvel essai, le courant nous ramenait vers la maison, violemment. Et c'était là une manœuvre des plus dangereuses, car le choc menaçait chaque fois de briser les planches sur lesquelles nous nous trouvions.

Alors, de nouveau, nous eûmes le sentiment de notre impuissance. Nous nous étions crus sauvés, et nous appartenions toujours à la rivière. Même, je regrettais que les femmes ne fussent plus sur le toit; car, à chaque minute, je les voyais précipitées, entraînées dans l'eau furieuse. Mais, quand je parlai de regagner notre refuge, tous crièrent :

— Non, non, essayons encore. Plutôt mourir ici !

Gaspard ne riait plus. Nous renouvelions nos efforts, pesant sur les perches avec un redoublement d'énergie. Pierre eut enfin l'idée de remonter la pente des tuiles et de nous tirer vers la gauche, à l'aide d'une corde; il put ainsi nous mener en dehors du courant; puis, quand il eut de nouveau sauté sur le radeau, quelques coups de perche nous permirent de gagner le large. Mais Gaspard se rappela la promesse qu'il m'avait faite d'aller recueillir notre pauvre Aimée, dont le hurlement plaintif ne cessait pas. Pour cela, il fallait traverser la rue, où régnait ce terrible courant, contre lequel nous venions de lutter. Il me consulta du regard. J'étais bouleversé, jamais un pareil combat ne s'était livré en moi. Nous allions exposer huit existences. Et pourtant, si j'hésitai un instant, je n'eus pas la force de résister à l'appel lugubre.

— Oui, oui, dis-je à Gaspard. C'est impossible, nous ne pouvons nous en aller sans elle.

Il baissa la tête, sans une parole, et se mit, avec sa perche, à se servir de tous les murs restés debout. Nous longions la maison voisine, nous passions par-dessus nos étables. Mais, dès que nous débouchâmes dans la rue, un cri nous échappa. Le courant, qui nous avait ressaisis, nous emportait de nouveau, nous ramenait contre notre maison. Ce fut un vertige de quelques secondes. Nous étions roulés comme une feuille, si rapidement, que notre cri s'acheva dans le choc épouvantable du radeau sur les tuiles. Il y eut un déchirement, les planches déclouées tourbillonnèrent, nous fûmes tous précipités. J'ignore ce qui se passa alors. Je me souviens qu'en tombant je vis tante Agathe à plat sur l'eau, soutenue par ses jupes; et elle s'enfonçait, la tête en arrière, sans se débattre.

Une vive douleur me fit ouvrir les yeux. C'était Pierre qui me tirait par les cheveux, le long des tuiles. Je restai couché, stupide, regardant. Pierre venait de replonger. Et, dans l'étourdissement où je me trouvais, je fus surpris d'apercevoir tout d'un coup Gaspard, à la place où mon frère avait disparu : le jeune homme portait Véronique dans ses bras. Quand il l'eut déposée près de moi, il se jeta de nouveau, il retira Marie, la face d'une blancheur de cire, si raide et si immobile, que je la crus morte. Puis, il se jeta encore. Mais, cette fois, il chercha inutilement. Pierre l'avait rejoint. Tous deux se parlaient, se donnaient des indications que je n'entendais pas. Comme ils remontaient sur le toit, épuisés :

— Et tante Agathe ! criai-je, et Jacques ! et Rose !

Ils secouèrent la tête. De grosses larmes roulaient dans leurs yeux. Aux quelques mots qu'ils me dirent, je compris que Jacques avait eu la tête fracassée par le heurt d'une poutre. Rose s'était cramponnée au cadavre de son mari, qui l'avait emportée. Tante Agathe n'avait pas reparu. Nous pensâmes que son corps, poussé par le courant, était entré dans la maison, au-dessous de nous, par une fenêtre ouverte.

Et, me soulevant, je regardai vers la toiture où Aimée se cramponnait quelques minutes auparavant. Mais l'eau montait toujours. Aimée ne hurlait plus. J'aperçus seulement ses deux bras raidis, qu'elle levait pour tenir ses enfants hors de l'eau. Puis, tout s'abîma, la nappe se referma, sous la lueur dormante de la lune.

V

Nous n'étions plus que cinq sur le toit. L'eau nous laissait à peine une étroite bande libre, le long du faîtage. Une des cheminées venait d'être emportée. Il nous fallut soulever Véronique et Marie évanouies, les tenir presque debout, pour que le flot ne leur mouillât pas les jambes. Elles reprirent enfin connaissance, et notre angoisse s'accrut, à les voir trempées, frissonnantes, crier de nouveau qu'elles ne voulaient pas mourir. Nous les rassurions comme on rassure les enfants, en leur disant qu'elles ne mouraient pas, que nous empêcherions bien la mort de les prendre. Mais elles ne nous croyaient plus, elles savaient bien qu'elles allaient mourir. Et, chaque fois que ce mot « mourir » tombait comme un glas, leurs dents claquaient, une angoisse les jetait au cou l'une de l'autre.

C'était la fin. Le village détruit ne montrait plus, autour de nous, que quelques pans de murailles. Seule, l'église dressait son clocher intact, d'où venaient toujours des voix, un murmure de gens à l'abri. Au loin, ronflait la coulée énorme des eaux. Nous n'entendions même plus ces éboulements de maisons, pareils à des charrettes de cailloux brusquement déchargées. C'était un abandon, un naufrage en plein Océan, à mille lieues des terres.

Un instant, nous crûmes surprendre à gauche un bruit de rames. On aurait dit un battement, doux, cadencé, de plus en plus net. Ah! quelle musique d'espoir, et comme nous nous dressâmes tous pour interroger l'espace! Nous retenions notre haleine. Et nous n'apercevions rien. La nappe jaune s'étendait, tachée d'ombres noires; mais aucune de ces ombres, cimes d'arbres, restes de murs écroulés, ne bougeait. Des épaves, des herbes, des tonneaux vides, nous causèrent des fausses joies; nous agitions nos mouchoirs, jusqu'à ce que, notre erreur reconnue, nous retombions dans l'anxiété qui frappait toujours nos oreilles, de ce bruit sans que nous pussions découvrir d'où il venait.

— Ah! je la vois, cria Gaspard, brusquement. Tenez! là-bas, une grande barque!

Et il nous désignait, le bras tendu, un point

éloigné. Moi, je ne voyais rien ; Pierre, non plus. Mais Gaspard s'entêtait. C'était bien une barque. Les coups de rames nous arrivaient plus distincts. Alors, nous finîmes aussi par l'apercevoir. Elle filait lentement, ayant l'air de tourner autour de nous, sans approcher. Je me souviens qu'à ce moment nous fûmes comme fous. Nous levions les bras avec fureur, nous poussions des cris, à nous briser la gorge. Et nous insultions la barque, nous la traitions de lâche. Elle, toujours noire et muette, tournait plus lentement. Etait-ce réellement une barque ? je l'ignore encore. Quand nous crûmes la voir disparaître, elle emporta notre dernière espérance.

Désormais, à chaque seconde, nous nous attendions à être engloutis, dans la chute de la maison. Elle se trouvait minée, elle n'était sans doute portée que par quelque gros mur, qui allait l'entraîner tout entière, en s'écroulant. Mais ce dont je tremblais surtout, c'était de sentir la toiture fléchir sous notre poids. La maison aurait peut-être tenu toute la nuit ; seulement, les tuiles s'affaissaient, battues et trouées par les poutres. Nous nous étions réfugiés vers la gauche, sur des chevrons solides encore. Puis, ces chevrons eux-mêmes parurent faiblir. Certainement, ils s'enfonceraient, si nous restions tous les cinq entassés sur un si petit espace.

Depuis quelques minutes, mon frère Pierre avait remis sa pipe à ses lèvres, d'un geste machinal. Il tordait sa moustache de vieux soldat, les sourcils froncés, grognant de sourdes paroles. Ce danger croissant qui l'entourait et contre lequel son courage ne pouvait rien, commençait à l'impatienter fortement. Il avait craché deux ou trois fois dans l'eau, d'un air de colère méprisante. Puis, comme nous enfoncions toujours, il se décida, il descendit la toiture.

— Pierre! Pierre! criai-je, ayant peur de comprendre.

Il se retourna et me dit tranquillement :

— Adieu, Louis... Vois-tu, c'est trop long pour moi. Ça vous fera de la place.

Et, après avoir jeté sa pipe la première, il se précipita lui-même, en ajoutant :

— Bonsoir, j'en ai assez !

Il ne reparut pas. Il était nageur médiocre. D'ailleurs, il s'abandonna sans doute, le cœur crevé par notre ruine et par la mort de tous les nôtres, ne voulant pas leur survivre.

Deux heures du matin sonnèrent à l'église. La nuit allait finir, cette horrible nuit déjà si pleine d'agonies et de larmes. Peu à peu, sous nos pieds, l'espace encore sec se rétrécissait; c'était un murmure d'eau courante, de petits flots caressants qui jouaient et se poussaient. De nouveau, le courant avait changé; les épaves passaient à droite du village, flottant avec lenteur, comme si les eaux près d'atteindre leur plus haut niveau, se fussent reposées, lasses et paresseuses.

Gaspard, brusquement, retira ses souliers et sa veste. Depuis un instant, je le voyais joindre les mains, s'écraser les doigts. Et, comme je l'interrogeais :

— Ecoutez, grand-père, dit-il, je meurs, à attendre. Je ne puis plus rester... Laissez-moi faire, je la sauverai.

Il parlait de Véronique. Je voulus combattre son idée. Jamais il n'aurait la force de porter la jeune fille jusqu'à l'église. Mais lui, s'entêtait.

— Si! si! j'ai de bons bras, je me sens fort... Vous allez voir!

Et il ajoutait qu'il préférait tenter ce sauvetage tout de suite, qu'il devenait faible comme un enfant, à écouter ainsi la maison s'émietter sous nos pieds.

— Je l'aime, je la sauverai, répétait-il.

Je demeurai silencieux, j'attirai Marie contre

ma poitrine. Alors, il crut que je lui reprochais son égoïsme d'amoureux, il balbutia :

— Je reviendrai prendre Marie, je vous le jure. Je trouverai bien un bateau, j'organiserai un secours quelconque... Ayez confiance, grand-père.

Il ne conserva que son pantalon. Et, à demi-voix, rapidement, il adressait des recommandations à Véronique : elle ne se débattrait pas, elle s'abandonnerait sans un mouvement, elle n'aurait pas peur surtout. La jeune fille, à chaque phrase, répondait oui, d'un air égaré. Enfin, après avoir fait un signe de croix, bien qu'il ne fût guère dévot d'habitude, il se laissa glisser sur le toit, en tenant Véronique par une corde qu'il lui avait nouée sous les bras. Elle poussa un grand cri, battit l'eau de ses membres, puis, suffoquée, s'évanouit.

— J'aime mieux ça, me cria Gaspard. Maintenant, je réponds d'elle.

On s'imagine avec quelle angoisse je les suivis des yeux. Sur l'eau blanche, je distinguais les moindres mouvements de Gaspard. Il soutenait la jeune fille, à l'aide de la corde, qu'il avait enroulée autour de son propre cou; et il la portait ainsi, à demi jetée sur son épaule droite. Ce poids écrasant l'enfonçait par moments; pourtant, il avançait, nageant avec une force surhumaine. Je ne doutais plus, il avait déjà parcouru un tiers de la distance, lorsqu'il se heurta à quelque mur caché sous l'eau. Le choc fut terrible. Tout deux disparurent. Puis, je le vis reparaître seul; la corde devait s'être rompue. Il plongea à deux reprises. Enfin, il revint, il ramenait Véronique, qu'il reprit sur son dos. Mais il n'avait plus de corde pour la tenir, elle l'écrasait davantage. Cependant, il avançait toujours. Un tremblement me secouait, à mesure qu'ils approchaient de l'église. Tout à coup, je voulus crier, j'apercevais des poutres qui arrivaient de biais. Ma bouche resta grande ouverte : un nouveau choc les avait séparés, les eaux se refermèrent.

A partir de ce moment, je demeurai stupide. Je n'avais plus qu'un instinct de bête veillant à sa conservation. Quand l'eau avançait, je reculais. Dans cette stupeur, j'entendis longtemps un rire, sans m'expliquer qui riait ainsi près de moi. Le jour se levait, une grande aurore blanche. Il faisait bon, très frais et très calme, comme au bord d'un étang dont la nappe s'éveille avant le lever du soleil. Mais le rire sonnait toujours; et, en me tournant, je trouvai Marie, debout dans ses vêtements mouillés. C'était elle qui riait.

Ah! la pauvre chère créature, comme elle était douce et jolie, à cette heure matinale! Je la vis se baisser, prendre dans le creux de sa main un peu d'eau, dont elle se lava la figure. Puis, elle tordit ses beaux cheveux blonds, elle les noua derrière sa tête. Sans doute, elle faisait sa toilette, elle semblait se croire dans sa petite chambre, le dimanche, lorsque la cloche sonnait gaiement. Et elle continuait à rire, de son rire enfantin, les yeux clairs, la face heureuse.

Moi, je me mis à rire comme elle, gagné par sa folie. La terreur l'avait rendue folle, et c'était une grâce du ciel, tant elle paraissait ravie de la pureté de cette aube printanière.

Je la laissais se hâter, ne comprenant pas, hochant la tête tendrement. Elle se faisait toujours belle. Puis, quand elle se crut prête à partir, elle chanta un de ses cantiques de sa fine voix de cristal. Mais, bientôt, elle s'interrompit, elle cria, comme si elle avait répondu à une voix qui l'appelait et qu'elle entendait seule :

— J'y vais ! j'y vais !

Elle reprit son cantique, elle descendit la pente du toit, elle entra dans l'eau, qui la recouvrit doucement, sans secousse. Je n'avais pas cessé de sourire. Je regardais d'un air heureux la place où elle venait de disparaître.

Ensuite, je ne me souviens plus. J'étais tout seul

sur le toit. L'eau avait encore monté. Une cheminée restait debout, et je crois que je m'y cramponnais de toutes mes forces, comme un animal qui ne veut pas mourir. Ensuite, rien, rien, un trou noir, le néant.

VI

Pourquoi suis-je encore là? On m'a dit que les gens de Saintin étaient venus vers six heures, avec des barques, et qu'ils m'avaient trouvé couché sur une cheminée, évanoui. Les eaux ont eu la cruauté de ne pas m'emporter après tous les miens, pendant que je ne sentais plus mon malheur.

C'est moi, le vieux, qui me suis entêté à vivre. Tous les autres sont partis, les enfants au maillot, les filles à marier, les jeunes ménages, les vieux ménages. Et moi, je vis ainsi qu'une herbe mauvaise, rude et séchée, enracinée aux cailloux! Si j'avais du courage, je ferais comme Pierre, je dirais : « J'en ai assez, bonsoir! » et je me jetterais dans la Garonne, pour m'en aller par le chemin que tous ont suivi. Je n'ai plus un enfant, ma maison est détruite, mes champs sont ravagés. Oh! le soir, quand nous étions tous à table, les vieux au milieu, les plus jeunes à la file, et que cette gaieté m'entourait et me tenait chaud! Oh! les grands jours de la moisson et de la vendange, quand nous étions tous au travail, et que nous rentrions gonflés de l'orgueil de notre richesse! Oh! les beaux enfants et les belles vignes, les belles filles et les beaux blés, la joie de ma vieillesse, la vivante récompense de ma vie entière! Puisque tout cela est mort, mon Dieu! pourquoi voulez-vous que je vive?

Il n'y a pas de consolation. Je ne veux pas de secours. Je donnerai mes champs aux gens du village qui ont encore leurs enfants. Eux, trouveront le courage de débarrasser la terre des épaves et de la cultiver de nouveau. Quand on n'a plus d'enfants, un coin suffit pour mourir.

J'ai eu une seule envie, une dernière envie. J'aurais voulu retrouver les corps des miens, afin de les faire enterrer dans notre cimetière, sous une dalle où je serais allé les rejoindre. On racontait qu'on avait repêché, à Toulouse, une quantité de cadavres emportés par le fleuve. Je me suis décidé à tenter le voyage.

Quel épouvantable désastre ! Près de deux mille maisons écroulées ; sept cents morts ; tous les ponts emportés ; un quartier rasé, noyé sous la boue ; des drames atroces ; vingt mille misérables demi-nus et crevant la faim ; la ville empestée par les cadavres, terrifiée par la crainte du typhus ; le deuil partout, les rues pleines de convois funèbres, les aumônes impuissantes à panser les plaies. Mais je marchais sans rien voir, au milieu de ces ruines. J'avais mes ruines, j'avais mes morts, qui m'écrasaient.

On me dit qu'en effet beaucoup de corps avaient pu être repêchés. Ils étaient déjà ensevelis, en longues files, dans un coin du cimetière. Seulement, on avait eu le soin de photographier les inconnus. Et c'est parmi ces portraits lamentables que j'ai trouvé ceux de Gaspard et de Véronique. Les deux fiancés étaient demeurés liés l'un à l'autre, par une étreinte passionnée, échangeant dans la mort leur baiser de noces. Ils se serraient encore si puissamment, les bras raidis, la bouche collée sur la bouche, qu'il aurait fallu leur casser les membres pour les séparer. Aussi les avait-on photographiés ensemble, et ils dormaient ensemble sous la terre.

Je n'ai plus qu'eux, cette image affreuse, ces deux beaux enfants gonflés par l'eau, défigurés, gardant encore sur leurs faces livides l'héroïsme de leur tendresse. Je les regarde, et je pleure.

FIN

TABLE DES MATIÈRES

LE CAPITAINE BURLE..................... 3
COMMENT ON MEURT...................... 63
POUR UNE NUIT D'AMOUR.................. 125
AUX CHAMPS............................ 191
LA FÊTE A COQUEVILLE.................. 233
L'INONDATION.......................... 289

FIN DE LA TABLE DES MATIÈRES.

MOTTEROZ, Adm.-Direct. des Imp. réunies, B, Puteaux

www.ingramcontent.com/pod-product-compliance
Lightning Source LLC
Chambersburg PA
CBHW060504170426
43199CB00011B/1323